new
health care
management

介護事故・トラブル防止完璧マニュアル

介護福祉
ジャーナリスト
田中 元 著
Tanaka Hajime

イラスト図解で
よくわかる
“なくすしくみ”
を作る88の鉄則！

ぱる出版

まえがき　〜介護現場のリーダーに必要な「リスク管理の基本と実践」

内閣府が行なった世論調査によれば、将来の介護不安を感じるという割合が、高齢者だけでなく若い世代で伸びている実態が明らかになりました。同時に、いわゆる団塊世代が全員65歳以上を迎える２０１５年も間近に迫り、この世代は「当事者」として、介護サービスのあり方に今まで以上の厳しい視線を送ることが予想されます。

介護保険のスタートから10年以上が経過して、ようやく「よりよい介護とは何か」という点について、国民的な議論が熟していく時代になったといえます。

その一方で、利用者側の期待に応えなければならないサービス提供現場においては、いまだに低賃金・重労働という状況から完全に脱していないのが現状です。介護職員処遇改善交付金がスタートしたとはいえ、国の財政難が常態化しつつある中、あらゆる職種にとって、これから先の昇給まで十分に保障されるものなのか――現場からは疑問の声も上がります。

国により「介護業界を雇用の受け皿とする」という施策がいくつも打ち出され、一時期の深刻な人手不足はやや緩和された感があります。それでも、若い人材の早期離職という課題は、依然として介護業界全体を深々と包んでいます。

将来に展望のもてる職業として「介護」が確立していかなければ、新人だけがどんどん入ってきて、彼らを指導できる中堅職員が足りないということになりかねません。

そこで何が発生するかといえば、サービスの質を厳しく見極めようとする利用者側の期待と、実際に提供されるサービスの質との間で、ズレがますます大きくなるということです。今後の介護保険のあり方をめぐり、利用者側の負担増が避けられないという議論も見られる中、利用者側と提供側の間の溝が大きくなれば、それは両者の信頼関係を脅かします。

さらにいえば、ちょっとした事故などが起こったとき、利用者側の不信感は「真実を知りたい」というニーズに直結します。それは訴訟リスクなどを増やすということです。

こうした事態を防ぐべく、「利用者の安全確保のために行動を抑制する」という考えが浮上してしまえば、かつての身体拘束などが甦ってこないとも限りません。

生活している人間の行動を制限しても、事故は決して減りません。むしろ、心理学的な視点に立てば、「抑制に抵抗する」という心理が事故を増大させる危険もあります。

本当の意味で事故を防ぐということは、利用者の意向や生活観に基づく行動について、きちんと理解・尊重することが大前提です。それは、介護本来の目的とも直結します。

その意味で、これからの事故防止は、質の高い介護を実現するという方向と両立するものでなければなりません。私自身、このことを何百と見てきた介護現場から教えられました。

本書は、私の師匠ともいえる「多くの介護現場」から教えられたことを、すべての現場が使いこなせるノウハウとしてまとめたものです。できれば、これから現場リーダーへと昇格しようとしている将来ある人材に読んでいただき、日本の介護が世界に冠たる文化となることを夢見て活用していただければ幸いです。

介護福祉ジャーナリスト　田中　元

介護事故・トラブル防止《完璧》マニュアル ◉ もくじ

まえがき～介護現場のリーダーに必要な「リスク管理の基本と実践」 3

第1章 なぜ介護現場には事故・トラブルが多いのか

1 事故リスクが高まっている本当の理由 …… 20
●リスクの高まりに対応できる人員確保ができていないことも大きな要因
2 どんな「介護事故」が増えているのか …… 22
●介護現場の事故の8割は「ベッドや車いすからの転落」「歩行中の転倒」
3 事故だけではない現場で起こる様々な「トラブル」 …… 24
●スタッフの心無い言動によって心理的ダメージを与えてしまうなど
4 事故・トラブルを防げない現場の体質とは？ …… 26
●誤った現場主義、因果関係を軽視した姿勢が事故・トラブルの続発の原因となる
5 制度改正で事故・トラブルリスクは急増する!? …… 28
●現場における職員と利用者の「関係」が平穏でなくなる状態が危ない!!
6 大切なのは「最悪の事態」を防ぐことにある …… 30
●事故やトラブル防止策をうんぬんする前に確立したい3つの対策

7 現場偏重・システムのみ優先がともにダメな理由 …… 32
●現場の情報がもれなく委員会などに伝わる仕組みをどう作るかが重要
8 リスク管理が「生活の質を落とす」というウソ …… 34
●リスク管理の強化は「生活の質の向上」「事故防止」につながる
9 その人の人生を知ることがリスク管理の基本 …… 36
●なぜリハビリをするのか、その動機づけを行うことが大切
10 生活志向型のケアとリスク管理を連動させよう …… 38
●「利用者の思いや生活」をどうとらえるかという視点が欠けていないだろうか
11 サービス提供者側の「心のあり方」にも目を向けよう …… 40
●スタッフの感情のブレを見極めた上で、シフトを微調整することも考えていきたい
コラム★利用者の重篤化と「見える」化へのニーズ 42

第2章 事故・トラブルをなくすにはここからはじめよう！

1 まずは「なぜリスク管理をするのか」という動機づけをはっきりさせよう …… 44
●なぜやるのか？ リスク管理をしなければ収益に影響をおよぼす

11 事故・トラブル防止の仕組みをチャート化［その2］……64
●事故発生の場合のアセスメントの視点や専門家との連携方法も決めておく
12 事故・トラブル防止の仕組みをチャート化［その3］……66
●仮説→実行→検証→改善→仮説、という流れを意識する
13 現場と委員会の関係をどのように位置づけるか？……68
●責任者には委員会で決まったことを実行するポイントを探し出し、根回しを行う
14 本人および家族への説明責任もしっかり果たしたい……70
●利用者の生活の流れに支障をきたさないことが大切
コラム★新サービスの誕生で「働く側」のリスクが増大!?　72

第3章
ダントツ1位の「転倒・転落事故」を防ぐ15のポイント

1 そもそも、なぜ「転倒・転落事故」は起こるのか？……74
●事故の8割は転倒・転落。発生原因は何かをしたいという「人間の活動意思」にある
2 本人リスクの把握① 24時間のADL状況を把握するつもりで……76
●在宅の場合、アセスメントの工夫が必要

第4章 命にもかかわる「誤嚥《ごえん》事故」を防ぐケアのポイント

第5章

重大事故へつながる「介護ミス」をなくすポイント

7 入浴介助時の事故防止② 環境チェックや観察のための研修など …… 142
●必ずチェックする事柄を「仕事の基本」として徹底させる

8 入浴介助時の事故防止③ 本人の緊張を和らげる工夫を …… 144
●声かけは一つひとつの動作についてゆっくりと。その人に合わせたやり方を探す

9 脱水や低温やけどの防止① 「表向き」の症状・訴えで判断すると危険 …… 146
●「大したことはない」と思われる症状・訴えに潜むリスクを〝観察〟する

10 脱水や低温やけどの防止② 観察力とともに直観力・想像力の育成を …… 148
●今日は暑いか暑くないか？ どんなリスクが想定できるか？ だとしたら何をすべきか？

11 褥《じょく》そう・感染症を防ぐうえでも「直観力・想像力」が重要 …… 150
●観察によって気がついたら、「何をすべきか」を考える

12 直観力・想像力を鍛えよう① 複数データを「つなげる」訓練を …… 152
●例えば「脱水のリスク」を〝報告〟とその日の〝天候・気温〟から読み取るクセをつける

13 直観力・想像力を鍛えよう② 「考え」を発言や記録に表そう …… 154
●「気づき」「相手の身になる」力を飛躍的に高めるのが〝書く〟という習慣だ

14 送迎時の交通事故や施設の火災などにも注意を！ …… 156
●現場の視点で危険箇所をチェックしてみると本当に大切なこと（＝箇所）が発見できる

コラム★地域全体の高齢者リスクにも目を向けるべき時代 158

第6章 「介護トラブル防止」の鉄則は現場任せにしないこと

8 利用者同士のトラブル　ここでもアセスメント力がものを言う……174
●例えば、相性の悪い利用者は〝接近させない〟工夫も必要
9 不満・苦情への対応①「現場任せ」の対応はもはや通用しない……176
●早々とスタッフが辞めてしまったり、苦情隠蔽《いんぺい》などの原因になりかねない
10 不満・苦情への対応②「ケース記録」を活用して吸い上げを徹底……178
●吸い上げた情報を整理し、その対応を公開する、これがスタッフの対応力を高める
11 不満・苦情への対応③　苦情処理委員会の設置と情報公開……180
●すべての利用者に対する情報公開が原則
コラム★介護職による「タン吸引」がもたらす今後の波紋　182

第7章

事故発生から対処までをテキパキ進める完全マニュアル

1 緊急時のマニュアル作成と繰り返しの事前研修を行おう……184
●緊急時の連絡体制を確立しよう
2 些細な事故・トラブルでも報告は必須！　現場判断は禁物……186
●緊急時以外での〝現場の対応〟も決めておきたい

図版◉ヨコイクリエイティブ
イラスト◉湊敦子（谷中草子）

第1章

なぜ介護現場には事故・トラブルが多いのか

1 事故リスクが高まっている本当の理由

▼リスクの高まりに対応できる人員確保ができないことも大きな要因△

高齢者介護の現場では、利用者の事故リスクにどう対処するかが大きな課題となっています。事故リスクが高まっていることの背景には、次の3つの要因が考えられます。

①まず、**単純に人口が高齢化するとともに、様々な身体的リスクを持つ75歳以上（いわゆる後期高齢者）の比率が高まっていること**。②**日本の医療財政がひっ迫する中で、長期療養を必要とする高齢者が介護保険の現場に流れ込んできていること**（療養病床の削減などが進めば、この傾向はますます強くなっていくことが予想されます）。③**雇用対策の推進等によって、一時的に「現場経験の浅い」人材が増えること**、などがあげられます。

このような状況に加え、介護報酬や補助金はますますカットされ、リスクの高まりに対応できる人員確保や研修体制の充実、環境整備などが十分に行われず、さらに事故リスクを高めてしまうという悪循環に陥っている傾向も無視できないでしょう。

国としては、研修カリキュラムの見直しやケアマネジメントの質向上を進めることで、リスクを何とか抑制しようという動きを強めています。しかしながら、具体的にリスクマネジメントを進めるための方策については、〝現場任せ〟になっているのが現状です。それゆえに、事業者や施設によって、事故を防ぐためのノウハウに大きな差が生じてしまっているのです。

事故リスクが高まっている背景とは？

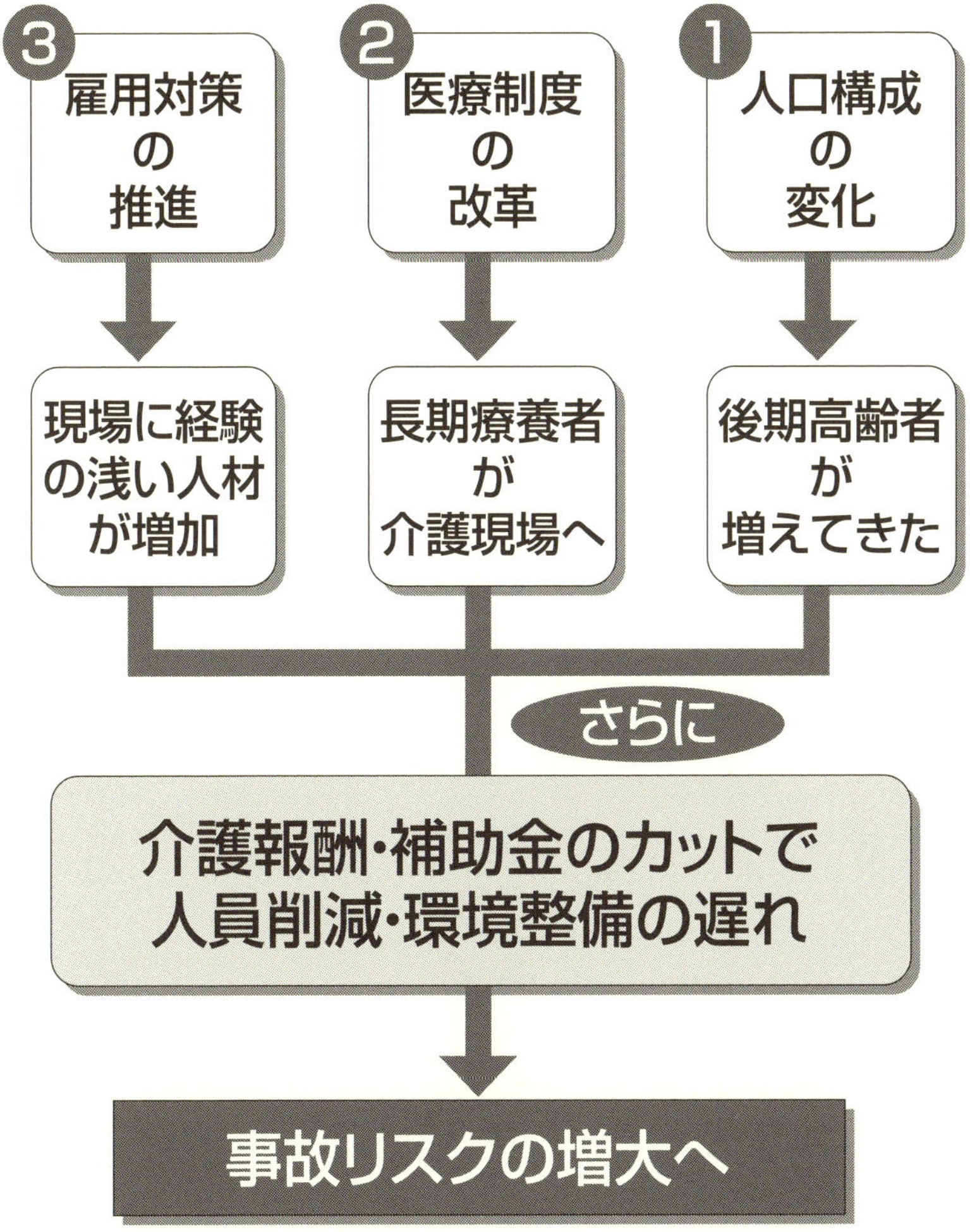
3 雇用対策の推進
2 医療制度の改革
1 人口構成の変化
現場に経験の浅い人材が増加
長期療養者が介護現場へ
後期高齢者が増えてきた
さらに
介護報酬・補助金のカットで
人員削減・環境整備の遅れ
事故リスクの増大へ

2 どんな「介護事故」が増えているのか

▼介護現場の事故の8割は「ベッドや車いすからの転落」「歩行中の転倒」△

では、高齢者介護の現場において、具体的にどんな事故が発生しやすいのでしょうか。

まず多いのは、**「ベッドや車いすからの転落」**や**「歩行中の転倒」**といったケースです。介護現場における事故の8割以上が、これに当たると言われます。要介護者の場合は、反射神経が衰えているために防御がとりにくく、骨や皮膚がもろくなっていることも加わって、いったん転倒・転落といった事故が起こるとケガの状況や後遺症が思った以上に深刻になりがちです。

次いで多いのが、**「誤嚥《ごえん》や誤飲」**、つまり飲食物やだ液などをきちんと飲み込むことができず、時には肺炎などを引き起こすという事故です。これは単に食事の場面だけでなく、口腔《こうくう》ケアなどをしっかり行わないことによって引き起こされることもあります。

3番目は、**介護ミス**による事故です。例えば、利用者のおむつ交換などをする場合、高齢ゆえに骨や皮膚がもろくなっていて、ちょっとした力の入れ具合によって皮膚を傷つけたり骨折させてしまうというケースがあります。あるいは、薬を間違って飲ませてしまうなどというのも、典型的な介護ミスによる事例と言っていいでしょう。

その他、衛生管理がしっかりなされていないことによる食中毒、入浴介助の際に誤って本人を溺《おぼ》れさせてしまったり、熱湯をかけて火傷を負わせるなどというケースも見られます。

発生率の高い介護事故ランキング

1位	転倒事故	例. 歩行中の転倒 立位を保てないゆえの転倒
2位	転落事故	例. 車いすからのずり落ち ベッドからの転落
3位	誤嚥・誤飲	例. 飲食物の誤嚥 だ液等の誤飲
4位	介護ミスによる事故	例. おむつ交換時の骨折 利用者の表皮を傷つける
5位	食中毒・感染症	例. ノロウイルスによる食中毒 インフルエンザ等の感染
その他	褥そう、誤薬、利用者同士のトラブルによるケガ　等々	

3 事故だけではない現場で起こる様々な「トラブル」

▼スタッフの心無い言動によって心理的ダメージを与えてしまうなど△

利用者側から見て、介護サービスにおける不安は「事故」だけではありません。**身体面での被害がなくても、日常生活上に何らかの不利益を被るケース**も多々見られます。本書では、これを「**介護トラブル**」と定義して、やはりリスクマネジメントの対象にしたいと考えます。

具体的には、利用者の持ち物を壊したり失くしたり、あるいはスタッフ側の心無い言動などによって、利用者に心理的なダメージを与えてしまったなどということもあげられます。

訪問系サービスにおいて利用者宅を訪れる時間を守らなかったり、デイサービスなどで利用者同士がいさかいを起こしたなどというケースも、トラブルと考えていいでしょう。

最近では、施設において職員による暴言やセクハラ発言が大きな問題となっています。こうした事例は、身体的な被害がなくても「虐待」として位置づけられるべきものですが、その背景に「職員個人の資質」だけでなく、「施設による構造的な問題」もあるとするなら、やはりリスクマネジメントの対象として考えていくことが必要になります。

そもそも高齢者介護とは何かを考えたとき、そこには「その人が心穏やかに自分らしい人生をまっとうする」という大きな目標があるはずです。それが何らかの理由で叶えられないとするなら、それが事故であれトラブルであれ、広い意味でリスクととらえたいものです。

うわあ！
○○さんの
割っちゃった〜〜
あれも
リスク
あっちも
リスク
これも
リスク
あんなこと
いわんでも…

4 事故・トラブルを防げない現場の体質とは？

▼誤った現場主義、因果関係を軽視した姿勢が事故・トラブルの続発の原因となる△

事故やトラブルが続発する現場には、そもそも何が足りないのでしょうか。

こうしたリスクに対処する場合、これまでは「現場経験によって培われた知恵を、現場の実践を通じて後輩などに伝えていく」というやり方を取るのが一般的でした。

しかしながら、こうした現場主義のみでリスクマネジメントを進めていくことは、その現場を取り仕切るリーダーの〝掟《おきて》〟を原点にしてしまいがちです。そのリーダーの物の考え方、あるいは人格がどんなに素晴らしいものであったとしても、人間は機械ではありませんから、感情に左右されたり、その人の価値観が支配してしまうこともあります。

どんな事故やトラブルでも、そこには必ず因果関係というものがあります。その因果関係（つまり、「なぜその事故・トラブルが発生したのか」）に、**個人の価値観**が入り込んでしまうと、「これは（私の経験から）防ぎようがない」とか「利用者側にも落ち度があった（はず）」などという**あいまいな物言い**が、いつしか現場の〝掟〟になってしまいがちです。

実は、こうした**誤った現場主義**が、事故・トラブルの続発を防ぎ得なかった背景にあると言えるのではないでしょうか。現場で経験したことは、確かに貴重なデータです。しかしながら、それを特定のリーダーの価値観によってまとめてしまうのでは意味がありません。

私の経験では…！
ベテラン主任
これは防げないわね
これは利用者さん自身の不注意…と
本当かよ

5 制度改正で事故・トラブルリスクは急増する!?

▼現場における職員と利用者の「関係」が平穏でなくなる状態が危ない!!△

12年度に向けた介護保険制度の改正が進められていますが、一部に新たなサービスが誕生するほか、介護職による「痰の吸引等の解禁」なども進み、それにともなう研修強化などの仕組みづくりも動き始めています。介護現場の様相も一変する可能性があるといえます。

しかしながら、そもそも現場で働く職員やヘルパーが、身体的・経済的にぎりぎりの状況で仕事に就いていることを考えると、一方的に技能や倫理観の向上をうながすだけでは限界があるのではないでしょうか。その一方では、利用者負担の急上昇やサービスに数々の制限が設けられるなど、利用者側のストレスや不安を助長させる内容のオンパレードとなっています。

そもそも、介護というのは、現場における職員と利用者の「関係」によって成り立っています。その関係をよりよいものにしようという意思が双方に高まってこそ、「こういう状況のときには、こういう事故が起こりやすい。だからともに気をつけていきましょう」という合意が生まれます。この点こそ、事故やトラブルを防ぐ大きな力となっているのが現実です。

ところが、この〝協同作業〟を行う主人公がともに平穏でいられない状態が進むとなれば、当然そこにはひずみが生じることになるでしょう。つまり、現場における事故やトラブルは、これからも大きく増えていくことが危惧《きぐ》されるわけです。

制度改正に向け、心得ておきたい新たなリスク

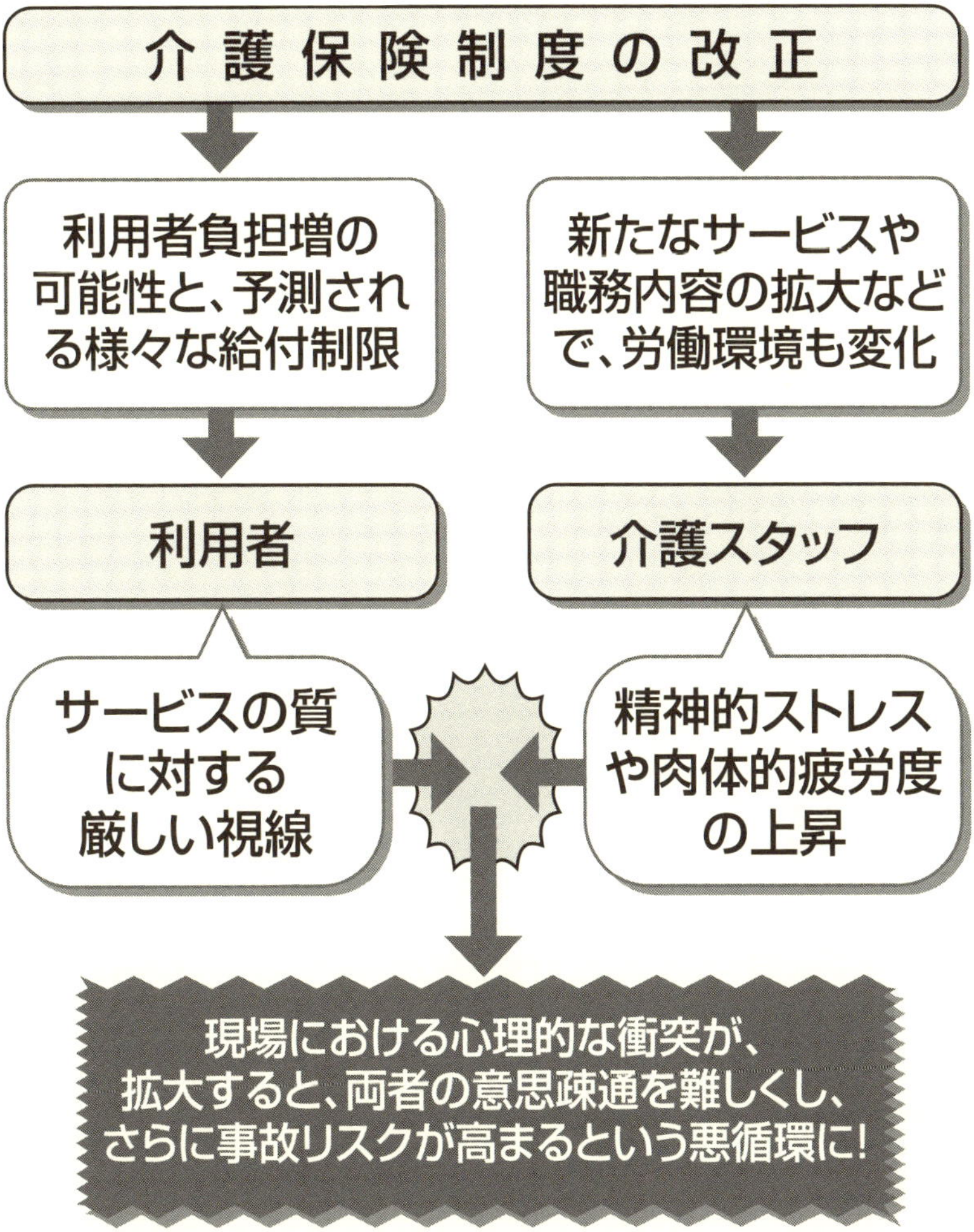
介護保険制度の改正
利用者負担増の可能性と、予測される様々な給付制限
新たなサービスや職務内容の拡大などで、労働環境も変化
利用者
介護スタッフ
サービスの質に対する厳しい視線
精神的ストレスや肉体的疲労度の上昇
現場における心理的な衝突が、拡大すると、両者の意思疎通を難しくし、さらに事故リスクが高まるという悪循環に!

6 大切なのは「最悪の事態」を防ぐことにある

▼事故やトラブル防止策をうんぬんする前に確立したい3つの対策△

事故やトラブルというのは、発生させないために万全を尽くすのが大前提です。しかし、人間同士の関係の中で発生するために、100%防ぐことはなかなか困難であるというのが、介護現場における事故やトラブルの特徴と言えます。

大切なのは、仮に何かしらの事故やトラブルが発生した場合、**①そこから生じる被害を最小限に抑えること、②同じケースにおける事故・トラブルを再発させないこと、さらには③発生後に利用者へのサービスの質が低下しないように取り組むこと**、の3点があげられます。

実は、事故・トラブルを防ぐという以前に、この3点がしっかりしていない介護現場が多く見受けられます。まずこの3点について、きちんと対策を取ったうえで初めて事故・トラブルを防ぐ土台が成り立つのだと考えてください。

なお、①については、「利用者との関係が修復できるか」という点も含まれていることに注意しましょう。例えば、小さな事故・トラブルであっても、事業者側がそれを故意に隠そうとしたり、利用者に対して不誠実な態度でのぞんでしまったために、被害者側の神経を逆なでして訴訟問題にまで発展してしまったケースもあります。今後、利用者側の権利意識がますます高まる中において、十分に注意したいポイントといえます。

事故・トラブル発生後の対応も重要

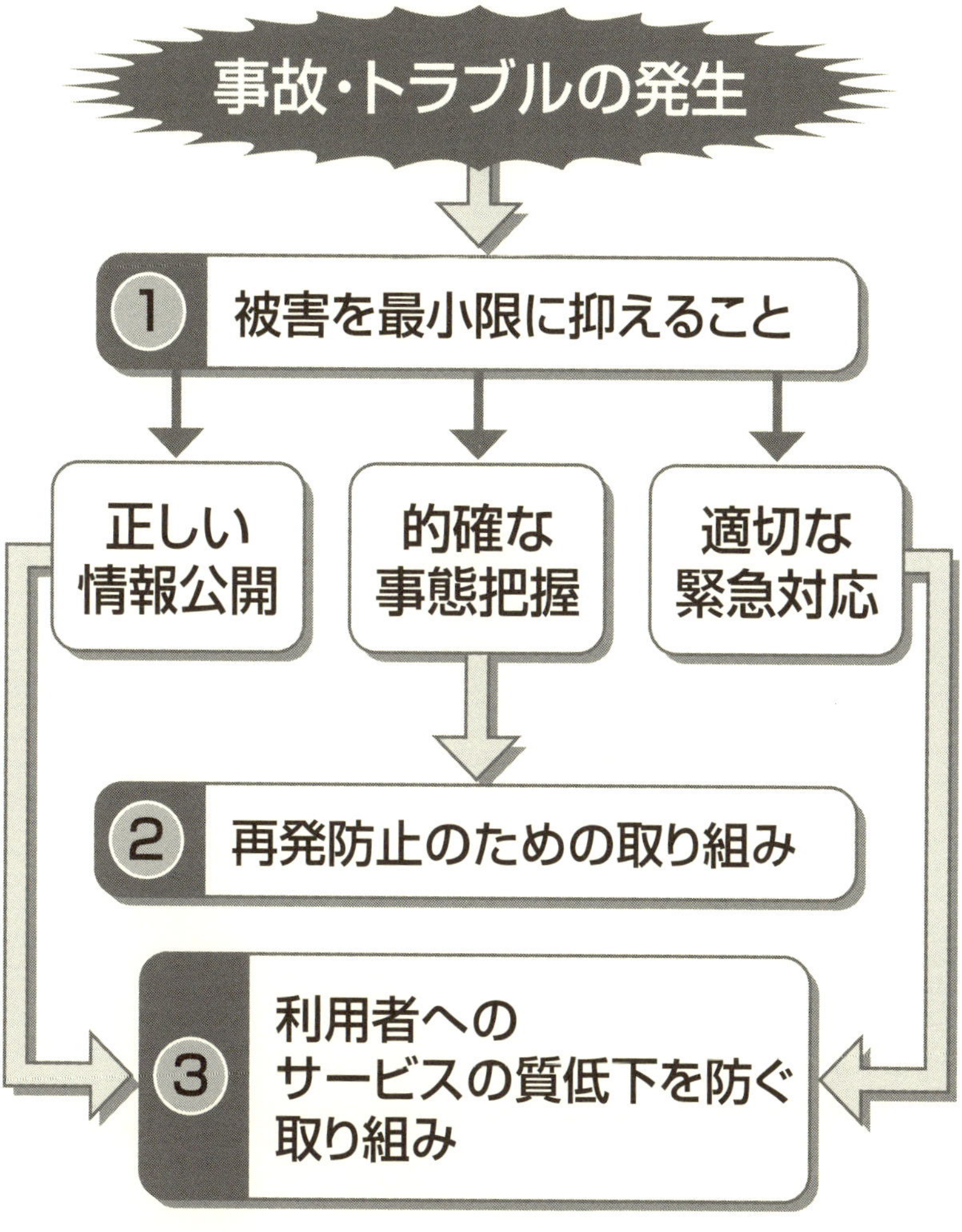

7 現場偏重・システムのみ優先がともにダメな理由

▼現場の情報がもれなく委員会などに伝わる仕組みをどう作るかが重要△

「誤った現場主義」が、介護事故・トラブルの背景にあると述べました。しかしながら、一方では表向きのシステムやマニュアルだけ整えても、やはり事故等を防ぐことはできません。

最近は、どこの職場でもリスクマネジメント委員会のような組織を作ったり、事故・トラブル防止のためのマニュアルを整備する光景が見られます。しかしながら、「どこでもやっているから」とか「とにかく作ればいい」という考え方では、問題はとうてい解決しないでしょう。

例えばリスクマネジメント委員会を作ったとして、大切なのは、①現場で得られた「こうしたケースが危ない」というデータを速やかに、かつ漏れなく委員会につなげること、②委員会において決定したことを現場にしっかりと定着させること、③委員会の運営が現場のケアのあり方を妨げたり、逆に行き過ぎた現場主義が委員会の運営を妨げないようにすることです。

つまり、「介護の現場」と「委員会などのシステム」をつなぐ〝線〟を意識することが重要だということです。よく見かけるのは、現場で発生したことに対して**「これくらい大したことはない」という意識が働いて、委員会まで届かない**というケース。あるいは、現場でヘトヘトになっている職員が、**「言われるから仕方なく」委員会にかかわる**という光景です。こうした事例が発生するのは、現場とシステムの間の〝線〟が途切れているからに他なりません。

あー「リス・マネ会」やっと終了
この忙しいのに…
でー何話してたんだっけ？
夜勤続きでずっと居眠り…

介護の現場
委員会
プチ!

8 リスク管理が「生活の質を落とす」というウソ

▼リスク管理の強化は「生活の質の向上」「事故防止」につながる△

いまだに一部の介護現場では、一つの〝神話〟がささやかれています。それは「リスクマネジメントを強化しすぎると、利用者の生活の質が下がる」というものです。

これには2つの意味があるようです。1つは、リスクを管理しようとするあまり、利用者が望む生活を制限せざるを得ないケースが生じるということ。もう1つは、職員がリスク管理に神経質になりすぎると、利用者の思いに気を配る介護ができなくなるという意味です。

しかしながら、こうした考えはまさに〝神話〟に過ぎません。なぜなら、正しいリスクマネジメントというのは、「利用者の生活の質を上げる」という理念に通じているからです。もっと言えば、リスクマネジメントを強化することで、仮に利用者の生活の質が下がったとするなら、それは正しいリスクマネジメントではないということになります。

例えば、転倒事故の防止を例にとって考えてみましょう。転倒事故を防ぐためには、その人のADL（日常生活動作）を押さえるだけでは不十分です。必要なのは、「その人は普段何に興味があるのか、興味の対象があるために立ち上がろうとしたり、歩行しようとしたりするのではないのか」という視点です。つまり、**その人の生活の意向がきちんと見えていることが事故防止には必要**であり、それは「生活の質を向上させる」という視点と矛盾しないわけです。

正しいリスクマネジメントは利用者のQOLを上げる!

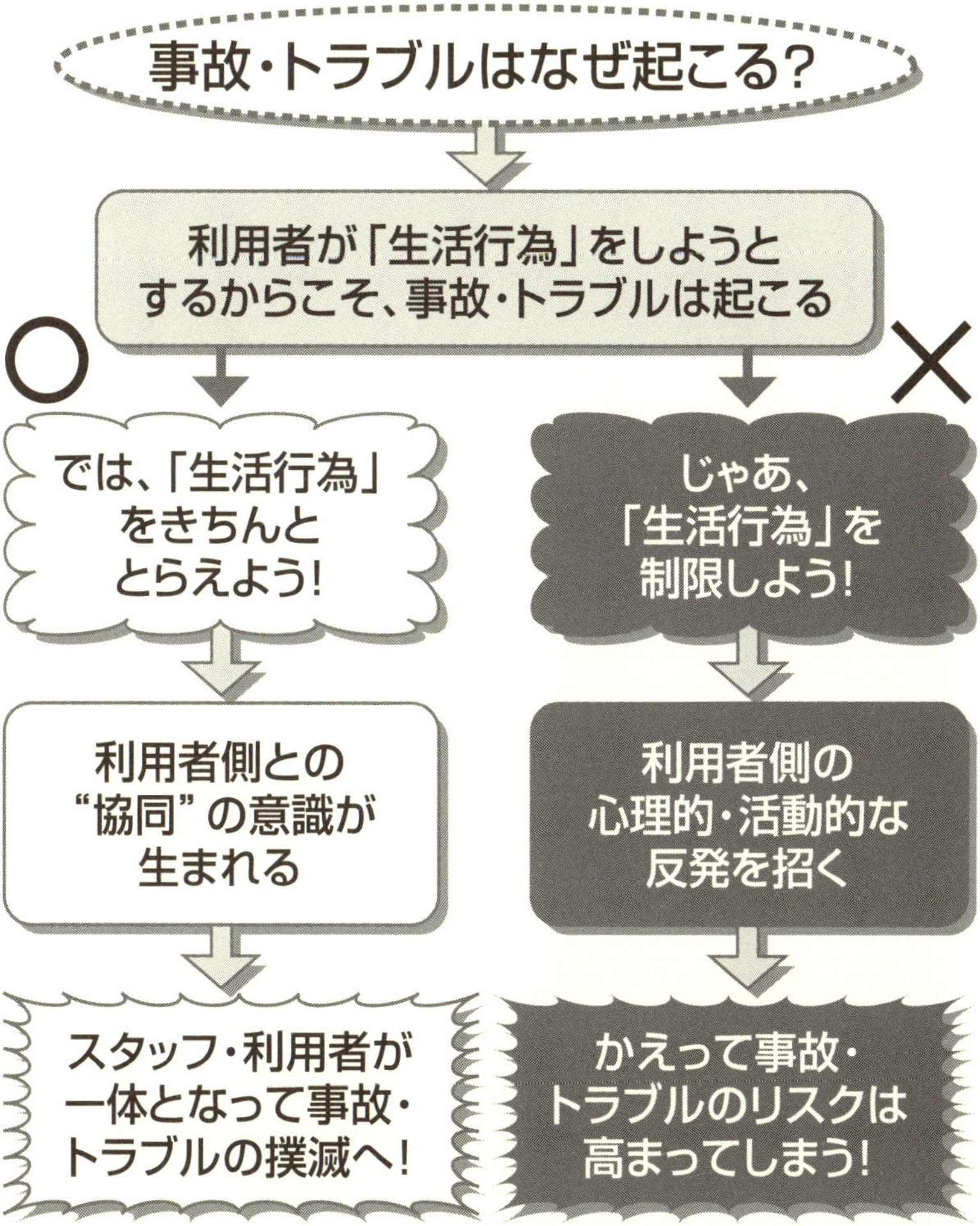
事故・トラブルはなぜ起こる?
利用者が「生活行為」をしようとするからこそ、事故・トラブルは起こる
○
では、「生活行為」をきちんととらえよう!
利用者側との“協同”の意識が生まれる
スタッフ・利用者が一体となって事故・トラブルの撲滅へ!
×
じゃあ、「生活行為」を制限しよう!
利用者側の心理的・活動的な反発を招く
かえって事故・トラブルのリスクは高まってしまう!

9 その人の人生を知ることが リスク管理の基本

▼なぜリハビリをするのか、その動機づけを行うことが大切△

前項の話をもう少し掘り下げてみましょう。例えば、転倒事故などを防ぐために、その人のＡＤＬをできる限り維持しようという考え方があったとします。

ＡＤＬを維持するうえでは、専門的なリハビリプログラムが必要になる場合があります。ここで大切なのは、リハビリというのは職員の手によって「させる」ものではなく、本人の前向きな意思によって「自らする」ものであるということです。ここで、リハビリをしてもらうために口酸っぱく説得しても、本人の中に「嫌々ながら」という気持ちがあれば、決して長続きはしないはずです。これでは、リハビリの意味がありません。

本人に「前向きにリハビリをしてもらう」ためには、それなりの動機づけが必要です。それは、「安全に歩けるようになれば好きな散歩もできる」という思いであったり、時には、担当するリハビリスタッフの「言葉がけ」が、なぜかしら本人にとって心地よいものであったりという要素が、リハビリを長続きさせる根拠になっていたりします。

こうした、その人ならではの動機づけを考えていくためには、**その人がどんな人生を歩んできたか（「言葉がけ」であるなら、その人の生まれ故郷の方言が心地よいと感じるなど）をしっかり把握しなければなりません。**それは「生活の質」にも確実につながるものです。

やる気
意欲
キラキラ
今日は
歩行器を
使わずに
歩いてみましょう
とってもすてきなPTさん

こんなシチュエーションも
「前向きなリハビリ」
になることが

10 生活志向型のケアとリスク管理を連動させよう

▼「利用者の思いや生活」をどうとらえるかという視点が欠けていないだろうか△

現在、国は介護保険制度の改正を進めていますが、例えば「利用者の生活機能の向上」などというテーマをとってみても、前項のような考え方が十分に繁栄されているとはいえません。つまり、利用者の人生観や心のあり方に目を向けるという点について、システムの中にきちんと組み入れていくという発想がまだまだ乏しいというのが実情です。

問題なのは、国の施策に欠けている点を、現場がいまだにフォローできていないケースがあることです。確かに、「どうすればその人が（リハビリ等に対して）前向きになってくれるか」という点に思いを寄せているスタッフはたくさんいます。しかしながら、先に述べたように、それが現場の〝掟〟によった「非公式なもの」で終わってしまっているのです。

在宅でも施設でも、「本人の思いや生活への意向をケアプランに反映させよう」という考え方が主流になっています。ところが、そうして出来上がったケアプランが、実際のリハビリプログラムとまったく連動していないケースも多々見られます。これでは意味がありません。

このことは、リハビリプログラムに限らず、リスクマネジメント全般に言えることです。逆に言えば、今まで事故やトラブルを防ぎ得なかった背景には、**「利用者の思いや生活」をどうとらえるかという視点**が欠けていたことがあげられると言えます。

要介護度の維持・改善の流れ

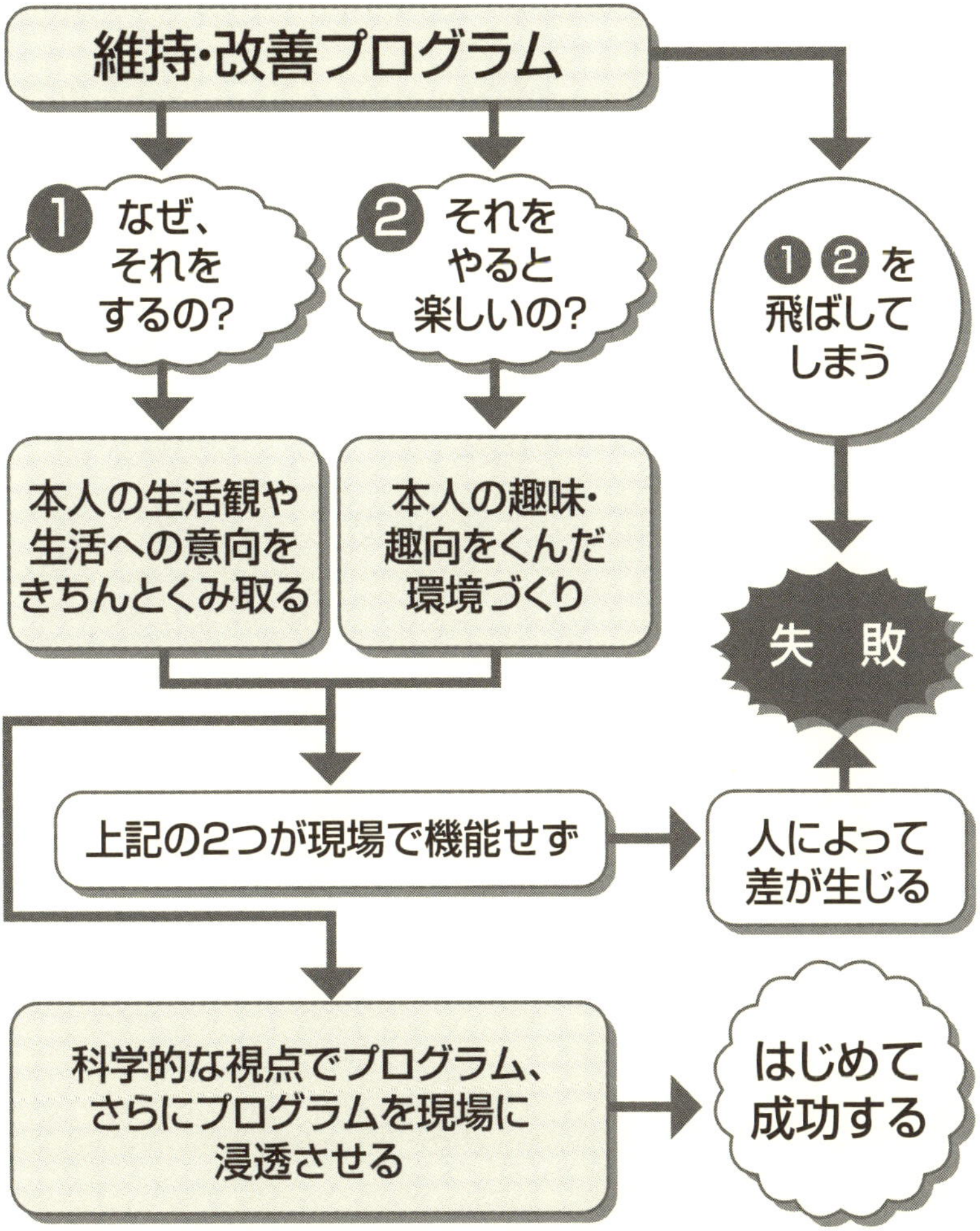
維持・改善プログラム
❶ なぜ、それをするの?
❷ それをやると楽しいの?
❶❷を飛ばしてしまう
本人の生活観や生活への意向をきちんとくみ取る
本人の趣味・趣向をくんだ環境づくり
失 敗
上記の2つが現場で機能せず
人によって差が生じる
科学的な視点でプログラム、さらにプログラムを現場に浸透させる
はじめて成功する

11 サービス提供者側の「心のあり方」にも目を向けよう

▼スタッフの感情のブレを見極めた上で、シフトを微調整することも考えていきたい△

リスクマネジメントにおいてもう一つ重要なことは、「利用者の思いや生活」に目を向けると同様に、**「スタッフ側の心のあり方」にも目を向けるということです。**

先にも述べたように、介護というのは「現場におけるスタッフと利用者の人間関係」において成り立っています。つまり、この人間関係に目を向けることなくして、介護現場における事故やトラブルを防ぐことはできないということです。

利用者側のADLや生活歴、生活への意向などがどんなにしっかりアセスメントできていたとしても、仮にスタッフ側が「その日、その利用者に対して不快感をもって接していた」となればどうなるでしょう。例えば、スタッフの口から利用者に向けて、相手を非難する言葉がつい漏れてしまったとします。利用者はその言葉に不快感を感じて、介助する手を払いのけようとし、そのはずみで転倒してしまった——これは現場において実際にあったケースです。

この場合、スタッフに対して、「介護職にあるまじきこと」と非難するのは簡単です。しかし、スタッフも人間ですから、感情のブレはしばしば発生します。もしそのスタッフのその日の心のあり様に目を向けていれば、例えばシフトを微調整するなどの手を打つことができたかも知れません。つまり、これも大切なリスクマネジメントの一環というわけです。

スタッフの「心のあり方」もリスクを左右

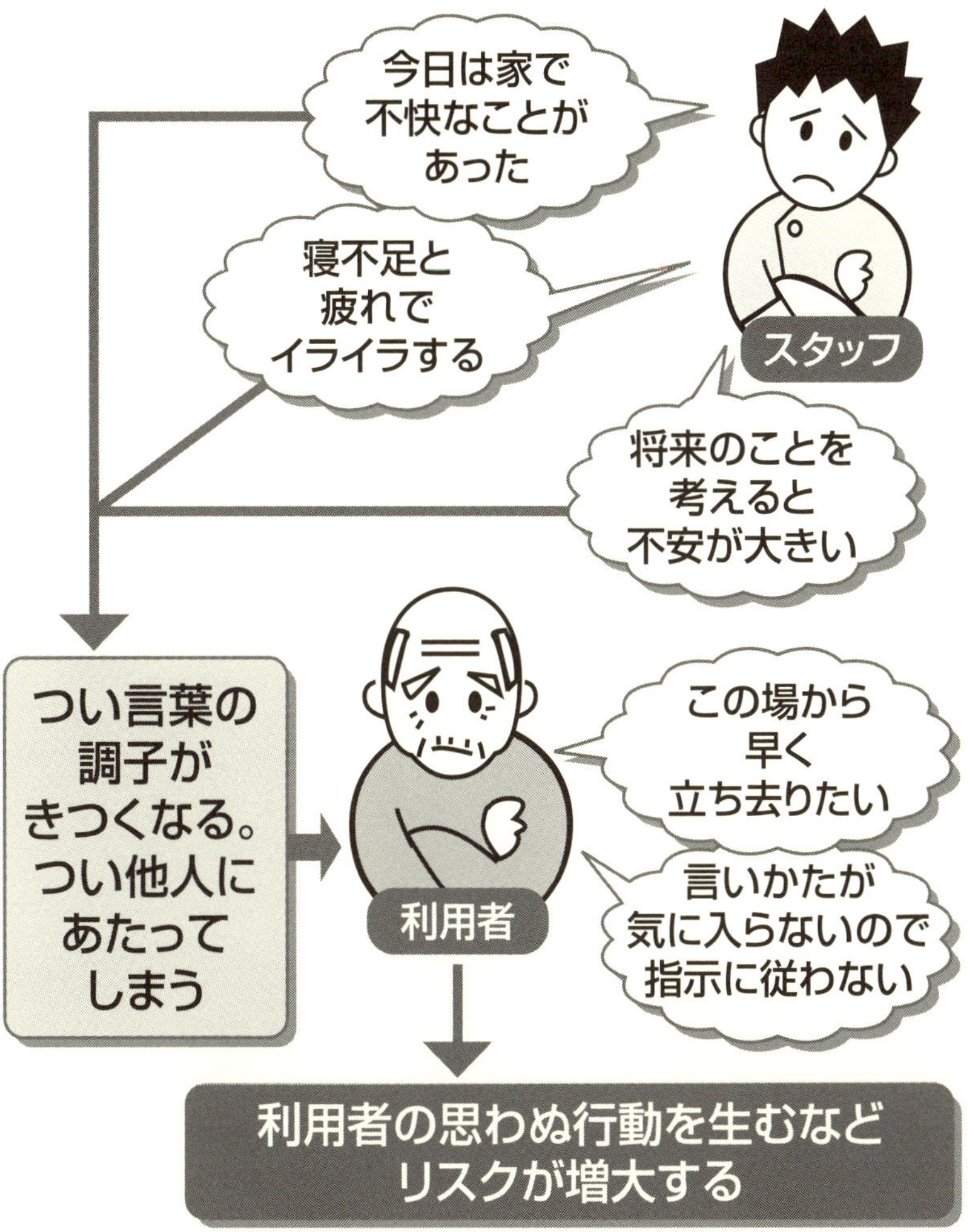
今日は家で不快なことがあった
寝不足と疲れでイライラする
スタッフ
将来のことを考えると不安が大きい
つい言葉の調子がきつくなる。つい他人にあたってしまう
利用者
この場から早く立ち去りたい
言いかたが気に入らないので指示に従わない
利用者の思わぬ行動を生むなどリスクが増大する

コラム　介護現場でいま何が起ころうとしているか？

利用者の重篤化と「見える」化へのニーズ

著しい人口の高齢化とともに、療養病床の削減や入院期間の短縮などにより、一定レベルの療養ケアが必要な利用者が介護現場にどんどん入ってきています。また、ケアに対する受け皿不足から、周辺症状を悪化させた状態の認知症利用者、あるいは貧困層の拡大で「サービス利用をぎりぎりまで我慢した状態」にある利用者など、現場にしてみれば、いきなり高いレベルのケアが求められる状況が目の前に現れるケースも拡大しています。

一方で、介護保険料がどんどん上昇し、次期改正時には 65 歳以上の保険料が全国平均で 5000 円を突破する可能性も指摘されています。つまり、負担が増えれば、「サービスの質にきちんと目を向けよう」という利用者が増えてくることが予想されるわけです。一般に権利意識が強いといわれる、いわゆる団塊世代が、利用当事者やその家族の中心を占めるようになってきた現在、この傾向がますます加速することは間違いありません。

重篤なケースが増えれば、いったん介護ミスなどが発生した場合、利用者が深刻なダメージを受けるなど「結果の重大性」がますます問題化することが考えられます。また、利用者側のサービスを見る目が厳しくなることにより、事故やトラブルの発生に際して、組織としてのきちんとした対応ができなければ、即「訴訟を起こす」といった行動などにつながりかねないリスクも高まっています。

そうした中、何が必要なのかといえば、①その事故やトラブルがなぜ発生したのかという因果関係を明らかにする能力を高めること、②そして明らかになった因果関係について、利用者側にきちんと説明責任を果たし、常に共有化を図っていく作業が求められるということです。最近、様々な業界で流行りの概念に「見える」化がありますが、介護サービスについても、この「見える」化を進めていくことが欠かせなくなっているわけです。

第 2 章

事故・トラブルをなくすには
ここからはじめよう！

1 まずは「なぜリスク管理をするのか」という動機づけをはっきりさせよう

▼なぜやるのか？　リスク管理をしなければ収益に影響をおよぼす△

事故やトラブルを防ごうとする場合の具体的手順について考えてみましょう。

現場における方策としては、職場内にリスクマネジメント委員会を設ける、「ひやりはっと」等の記録シートを整備してまずは現場事例を把握する、あるいは、リスクの高い現場の人員配置を厚くする……など、着手の仕方はいろいろ考えられます。しかしながら、その前に重要なのは、「何のためにそれをやるのか」という動機づけをまずはっきりさせることです。

施設や事業所としては、「リスク管理を徹底させなければ（事故によって入院する利用者が出てきたり、事業所に対する悪評が立ったりして）ゆくゆくは収益に影響を及ぼす」という危機感があります。この動機に従って、トップダウン方式で様々な方策を進めるわけです。

しかしながら、様々な方策を具体的に実行するのは現場のスタッフです。彼らにしてみれば、いきなり「収益云々」と言われてもピンときません。一部には、「余分な業務が増える」という意識が生じる可能性もあります。この意識がある限り、どんな方策も水の泡になるでしょう。

そこで、現場における動機づけをはっきりさせるために、スタッフ一人ひとりが日常的に抱えている「事故やトラブルへの不安な思い」を丹念にくみ取り、それをリスクマネジメントへの意欲に結び付けていく作業が必要になります。

現場とのズレに気づけ!
社会的責任
お客様との信頼関係
収益悪化を防ぐ
注目
「介護事故防止プロジェクトX」創設
え～
夜勤明けで眠い…
テキトーにやればいいや
?
僕ら得することがあるの?
!
余分な仕事が…

2 「動機づけ」のためのケース検討会を開こう

▼少人数単位にするとホンネが出やすくなる！△

まず行いたいのは、現場の職務を通じて日常的に感じる「不安や不満」を、忌憚《きたん》なく述べてもらうための場づくりです。ホンネを出しやすくするため、少人数単位によるケース検討会というスタイルをとり、「現場において発生した具体的トラブル」を語ってもらうようにします。

その際、個々の事例について、「なぜそれが発生したのか」というＷＨＹを当事者スタッフに自己分析させます。予想される発言として、「人手が足りない」とか「介護環境が整っていない」「時間がない」「自分の力量が足りない」といった反省の言葉も出てくるでしょう。

では、どうすればいいかという点について、やはり当事者一人ひとりにアイデアを出してもらいます。ここでは、それが実現可能なものかどうかは問いません。大切なのは、「**自分の頭でアイデアを出す**」という行為そのものを習慣化することにあります。

このように、①トラブル事例の報告→②その原因分析→③対策のためのアイデアを打ち出す、という流れを定期的に繰り返します。①のトラブルは常に新しいものを対象とするのでもかまいませんし、③のアイデアを現場で実施し、検証報告をさせてもいいでしょう（「やってみたけれど、やはりうまくいかない」という形で問題提起されることもあります）。

この流れを繰り返すことで、動機づけのための職場風土を築くことができるようになります。

リスクマネジメントへの「動機づけ」を高めるために

ケース検討会の開催

- 定期的（2ヶ月に1回程度）に
- 少人数単位でグループ制に
- 短時間（30分～1時間）に集中して

↓

1 トラブル事例の報告をさせる

・どんな些細なことでも構わない
・詳細が不明確でも構わない
・必ず全員に最低1つずつ上げさせる

↓

2 1の原因（why）分析をさせる

・的はずれであっても構わない
・大切なのは「自分の頭」で考えさせること

↓

3 2の対策についてアイデアを出させる

・実現可能か否かは問わない
・各グループのリーダーがとりまとめ、組織のトップへと報告
・実現できるアイデアは、その旨を現場に伝える

↓

これが、現場スタッフの「やる気」になる

3 事故・トラブルの発生をめぐる「3つの要因」を押さえよう!

▼介護する側、利用者側双方の状況により「リスクが変わる」ことも忘れずに△

前項の「動機づけ」作業を行う中で、現場の中には「システムとしてのリスクマネジメントが必要だ」という意識が徐々に高まってくるはずです。そこで「根本解決のためには何が必要か」という問題提起をしつつ、システム作りに取り掛かることになります。

手順としては、①事故・トラブルを防ぐための原則をしっかりと押さえ、②その原則を頭に入れながら具体的な施策の流れをチャート化してみることです。この2点を省いたまま、いきなり具体的な方策に着手しても、結局は「対症療法」で終わってしまいがちです。

まず、①事故・トラブルを防ぐための原則、とは何かを考えてみましょう。介護現場において事故やトラブルが発生する場合、その原因には3つが考えられます。

第一に、「利用者に対する理解が足らない」こと（本人リスク）、第二に、「介護する側の状況に対する配慮が足らない」こと（介護者リスク）、そして第三に、「状況や環境によって本人・介護者リスクが動くことへの気づきが足らない」こと（変動・環境リスク）です。

多くの介護現場でリスクマネジメントに取り組む場合、第一の「本人リスク」については、様々なアセスメント（課題分析）手法を用いるなど、充実化が進んでいます。その一方で、第二、第三のリスクについては、まだまだ遅れている光景も見受けられるようです。

リスクマネジメントを「システム化」するには?

1 事故・トラブルを防ぐ原則を押さえる

・本人リスクを把握すること
・介護者側リスクを把握すること
・変動・環境リスクを把握すること

2 具体的な施策の流れをチャート化する

例

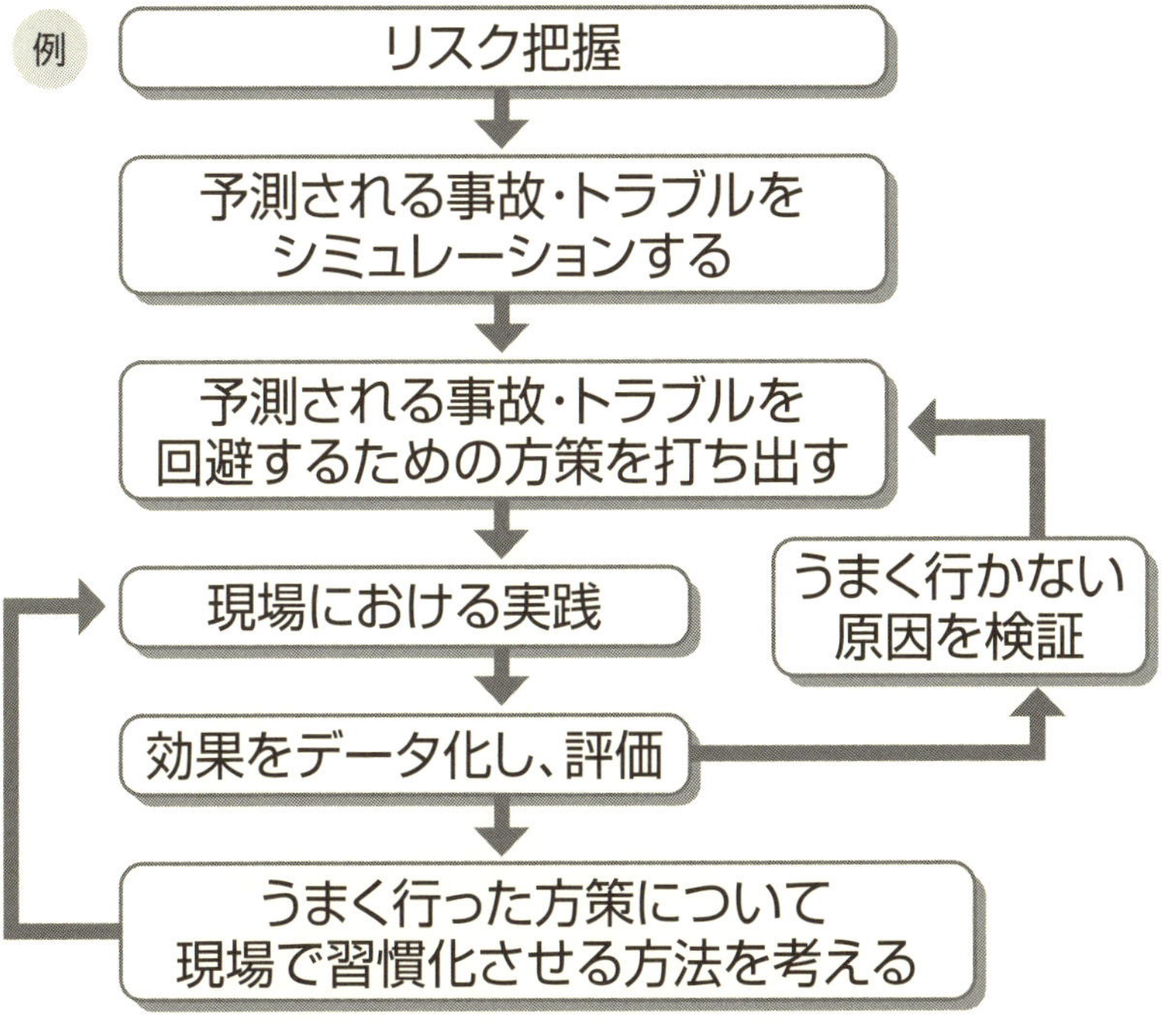
リスク把握
予測される事故・トラブルをシミュレーションする
予測される事故・トラブルを回避するための方策を打ち出す
現場における実践
効果をデータ化し、評価
うまく行かない原因を検証
うまく行った方策について現場で習慣化させる方法を考える

4 事故・トラブルをなくすための3つの原則

▼現場のケアに対する検証をしたり、介護職のメンタルケアも大切△

前項で示した「3つの要因」を掘り下げる中で、事故・トラブルを防ぐために何が必要なのかについて、各要因に沿って3つの原則にまとめることができます。

第一の要因である「**本人リスク**」を掘り下げる中で見えることは、「本人の身体状況や精神状況、さらには生活歴、本人の生活への意向」などをきちんと把握し、それらを現場で活かすことのできるケアマネジメントへと反映させていくという作業です。言い換えれば、現場で行われているケアが果たしてそれでいいのかどうかを検証する作業が求められるということです。

第二の要因である「**介護者リスク**」ですが、これは身体状況（年齢や体力、疾病の有無など）もさることながら、プロの介護職に焦点を当てた場合は「その人の心の状態」が問題になってきます。例えば、現場で働く中で何かしら不安や悩みを抱えている場合、業務への集中力や利用者への配慮が足らなくなり、それが事故やトラブルを招く要因となるわけです。この点を考えれば、具体的には職員へのメンタルケアなどの作業が求められることになります。

第三の要因である「**環境・変動リスク**」ですが、これを掘り下げる中では、①利用者本人と介護者が置かれている状況での環境リスクを量ること、②時間経過とともに本人と介護者の間のリスクがどう変化するかを量ることの2点が重要になってきます。

事故・トラブルにつながる3つのリスク

2
身体的リスク
精神的リスク
技能上のリスク
1
身体的リスク
精神的リスク
生活意向のリスク
スタッフ側のリスク
利用者本人のリスク
3 環境と時間（変動）のリスク
利用者と本人が置かれている環境のリスク
1 2 が時間とともに変動するリスク
この図をまず頭の中に入れよう

5 3原則が抜け落ちてしまうとどうなるか？［その1］

▼〝慣れ〟によって油断が生じてしまい、利用者一人ひとりの状況をくみ取れなかった△

先に述べた3原則のうち、一つでも欠いた状態でリスクマネジメントを進めようとすると、表向きはシステムがしっかり整っているように見えて、実際にはなかなか効果が上がらないという状況が発生します。よく見られるケースを一つ紹介しましょう。

ある施設において、利用者が寝起きでトイレに立とうとして、ベッドからずり落ちたり、ベッドから降りたとたんに転倒するケースが多発しました。

そこで、利用者一人ひとりの夜間から明け方にかけての排泄パターンを記録し、職員がタイミングよくトイレ介助に入れるよう、夜勤による見守り体制を強化しました。同時に理学療法士を中心として日中のアクティビティを見直し、夜間ぐっすり眠れるようにするとともに、耳鼻科医の指導のもとに寝起きのふらつきを抑えるような体操も取り入れたそうです。

ところが、一時的には事故発生数は減ったものの、しばらくするとまた増え始めたのです。実は、「事故防止の取り組み」が始まった当初は、職員も気が張っていて見守り対応が確実に行われていたのですが、やがて「慣れ」によって油断が生じるという現象が起きていました。また、利用者によっては徐々に認知症が進行し、夜間の不眠からトイレに立つ回数が増えていたということも分かりました。これらの要素が、十分くみ取られていなかったのです。

これでもう
大丈夫!
よし! カンペキな
事故防止プログラム!
「慣れ」と「油断」
ところが…
夜が不安で
眠れない…
新しい
リスク

6 3原則が抜け落ちてしまうとどうなるか？［その2］

▼「時間経過とともに発生する変動リスクを読む」作業の大切さ△

前項のケースでは、第一原則である「本人リスクをきちんと把握し、適切なケアマネジメントに活かしていく」という部分は、かなり手厚く実行されています。

ところが、このシステムを回していく過程で生じる「職員側の慣れからくる油断」は想定されていませんでした。つまり、第二原則である「介護者側の心の状況にスポットを当てる」という点が軽視されていたのです。また、このケースをさらに掘り下げていくと、「事故防止対応の強化」を現場にうながす中で、職員への待遇や人員配置の見直し等はまったく着手されていないことが分かります。職員側としては、「事故防止に向けたモチベーションが持続しない」という状況が生まれていたことになり、それが〝油断〟を助長したわけです。

もう一つの問題は、「本人リスクの把握」について、「どのような状況変化が生じたら更新するか」という点がはっきり決められていなかったことです。具体的には、「認知症が進む中で不眠傾向が強くなった」点を指します。確かに現場のケース記録には反映されていましたが、このことを「夜間の転倒・転落リスクに反映させる」という〝つなぎ〟が機能しなかったために、現場での対応に遅れが生じてしまったわけです。第三原則である「時間経過とともに発生する変動リスクを読む」という作業が、十分に機能していなかったと言えるでしょう。

「本人リスク」のみで事故防止プランを作っても効果はなかなか上がらない

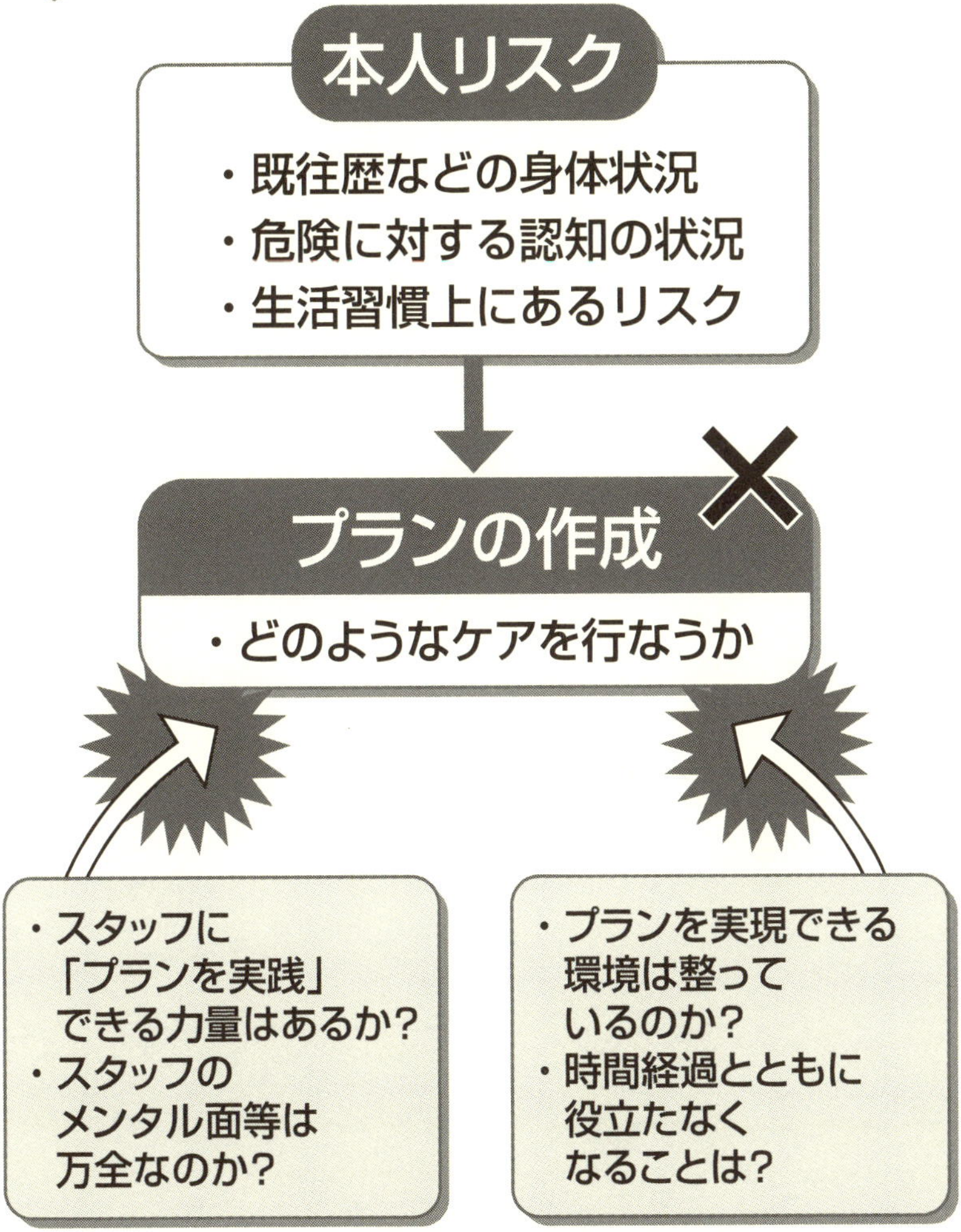
本人リスク
・既往歴などの身体状況
・危険に対する認知の状況
・生活習慣上にあるリスク
プランの作成
・どのようなケアを行なうか
・スタッフに「プランを実践」できる力量はあるか？
・スタッフのメンタル面等は万全なのか？
・プランを実現できる環境は整っているのか？
・時間経過とともに役立たなくなることは？

7 【原則1】高齢者介護のあり方そのものを見直せ

▼形式や建前だけのケアマネジメントの中に潜む、事故・トラブルの火種△

事故・トラブル防止のための3原則について、さらに掘り下げてみましょう。

まず、第一原則である「本人リスクの把握」と「ケアマネジメントへの反映」についてですが、要するに「高齢者介護のあり方をまず見直そう」ということに他なりません。

もちろん、高齢者介護の現場においては、「本人のアセスメント」をしっかり取り、「本人の生活への意向」を尊重しつつ、「ケアマネジメント」を行うという流れは定着しています。

しかしながら、実際はケアプランという書類作成のための表面的なものであったり、本人の意向をくみ切れていない「介護する側のための作業」になっているケースも多々あります。

実は、このことが事故やトラブルを発生させている要因の一つなのです。

というのは、事故やトラブルというのが、本人の心の奥にある欲求や抑えられていた感情が表に出ることなどによって起こる「極めて人間的な出来事」だからです。そこにはウソの入り込む余地はありません。だからこそ、形式や建前だけのケアマネジメントで対応しようとすると大きなズレが生じ、それが事態を悪化させるもとになってしまいます。

大切なのは、利用者本人の真実にどこまで迫れるかであり、そのためには、利用者の価値観や人生観ときちんと向き合うための、〝血の通った作業〟が必要になるのです。

事故を生み出すのは、利用者の「人間的な衝動」

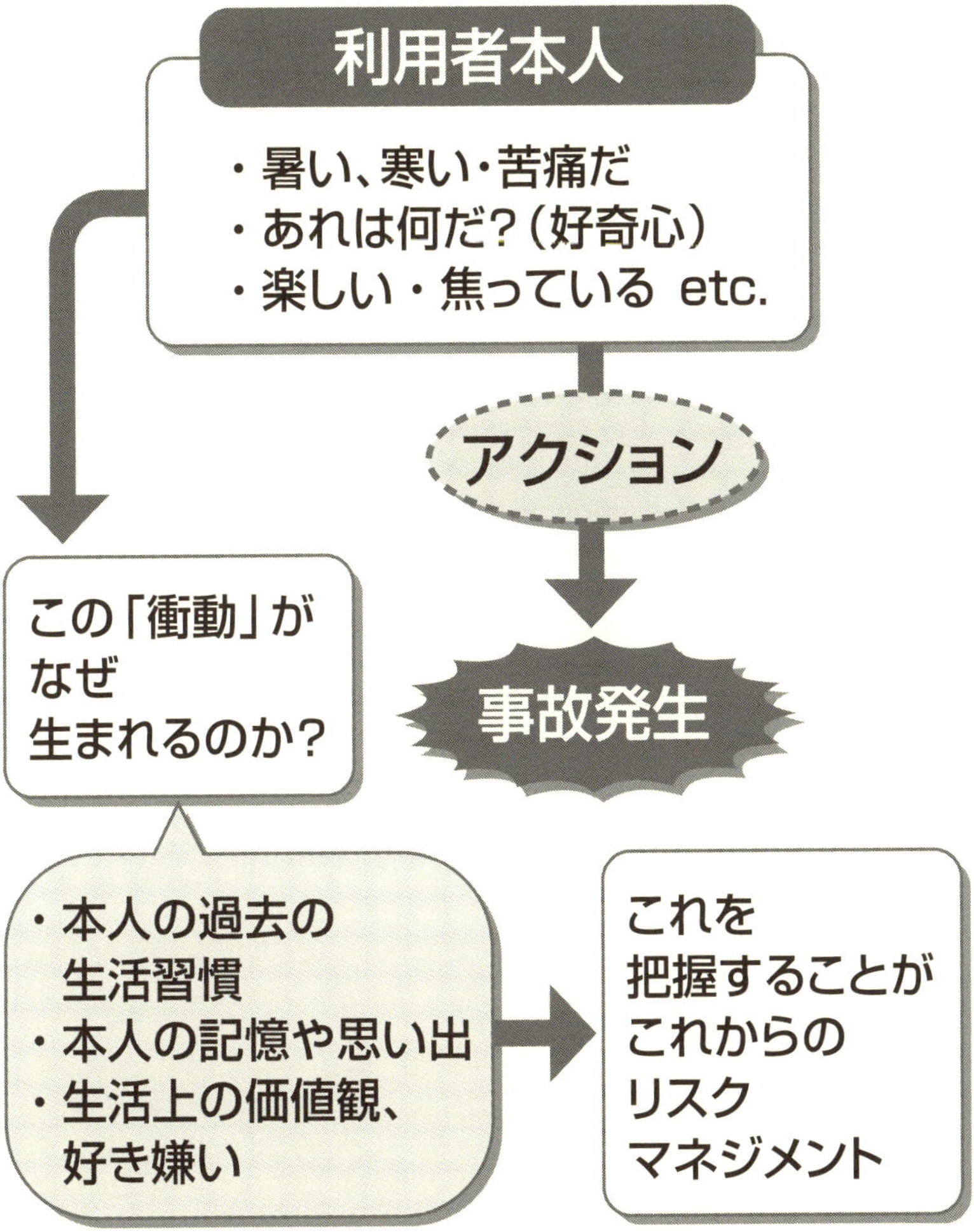
利用者本人
・暑い、寒い・苦痛だ
・あれは何だ？（好奇心）
・楽しい・焦っている etc.
アクション
事故発生
この「衝動」がなぜ生まれるのか？
・本人の過去の生活習慣
・本人の記憶や思い出
・生活上の価値観、好き嫌い
これを把握することがこれからのリスクマネジメント

8 ［原則2］現場で働く者の「心の状態」に注目せよ

▼介護現場は「心のバランスが崩れやすい環境にある」ということを理解しよう△

前項で述べた「利用者の人格や人生観ときちんと向き合う」というのは、言葉で言うのは簡単ですが、現実には並大抵のことではありません。人は誰しも、本能的に「自分の内面を他人には見せない」行動をとります。常に内面をさらけ出していては、いつしか自我が崩れてしまい、精神状態のバランスを保つことが難しくなるからです。

ところが、介護を職業とする現場においては、利用者の信頼を得るために「自分の内面をさらけ出す」ことが必ず必要になる場面が多々あります。「それができなくてはプロとは言えない」というのはたやすいことですが、生身の人間はなかなかそうは行きません。特に、社会経験が未熟で、自我がまだ確立していない若いスタッフであるならなおさらでしょう。

つまり、介護の現場というのは、他の職業に比べて「心のバランスが崩れやすい」環境にあることを、上司や管理者がもっと気遣う必要があるのです。その作業が十分に行われないと、集中力を欠くなど事故やトラブルを増やす要因になりかねません。

そこで、第二の原則である「現場で働く者の『心の状態』に注目する」ことが重要になるわけです。例えば、利用者側のアセスメントを取るのであれば、同様に「働く側の心のアセスメントを行う」くらいのことをシステム化していくことが求められます。

ニコニコ
うんうん
死んだじいちゃんがね
ポロポロ…
うんうん
「心をさらけ出す」のは、意外とストレスになる
何かつかれた〜
どよ〜ん
帰宅後

9 【原則3】リスクは「常に動くもの」と意識せよ

▼一つのシステムができあがってもそれを固定させない△

介護というものは、現場における利用者と介護者の間の「関係」によって成り立つものだという考え方があります。人と人の「関係」というのは、お互いの気持ちが常に変わらないものであったとしても、他の様々な要因によって影響を受けるものです。

例えば、男女の恋愛関係を考えてみるといいでしょう。お互いが相手に向けている気持ちは同じであっても、タイミングや環境によってより親密になったり、逆に喧嘩になってしまうことはよくあります。デートをしているレストランの料理がまずかったりすれば、どうしてもイライラする場面も出てきます。それを見たもう一方が、「相手が自分を嫌いになったのでは」と勘違いし、それがまた相手にとって気に障る言動に結びついたりする――そうする中で、お互いの「関係」が少しずつ変化したり、新たなトラブルを生むこともあります。

これは、介護においても似たようなものです。つまり、タイミングや環境によって「関係」が少しずつ変化する、そうなればそこに生じるリスクも当然変化します。

この「リスクは常に動くものである」ことが、意識できるかどうか。これが第三の原則となるわけです。事故やトラブルを防ごうとする場合、多くの現場では、一つのシステムができるとそれに安住してしまう傾向がありますが、それは大変危険なことだと心得たいものです。

人と人の関係は「環境・時間」に左右される

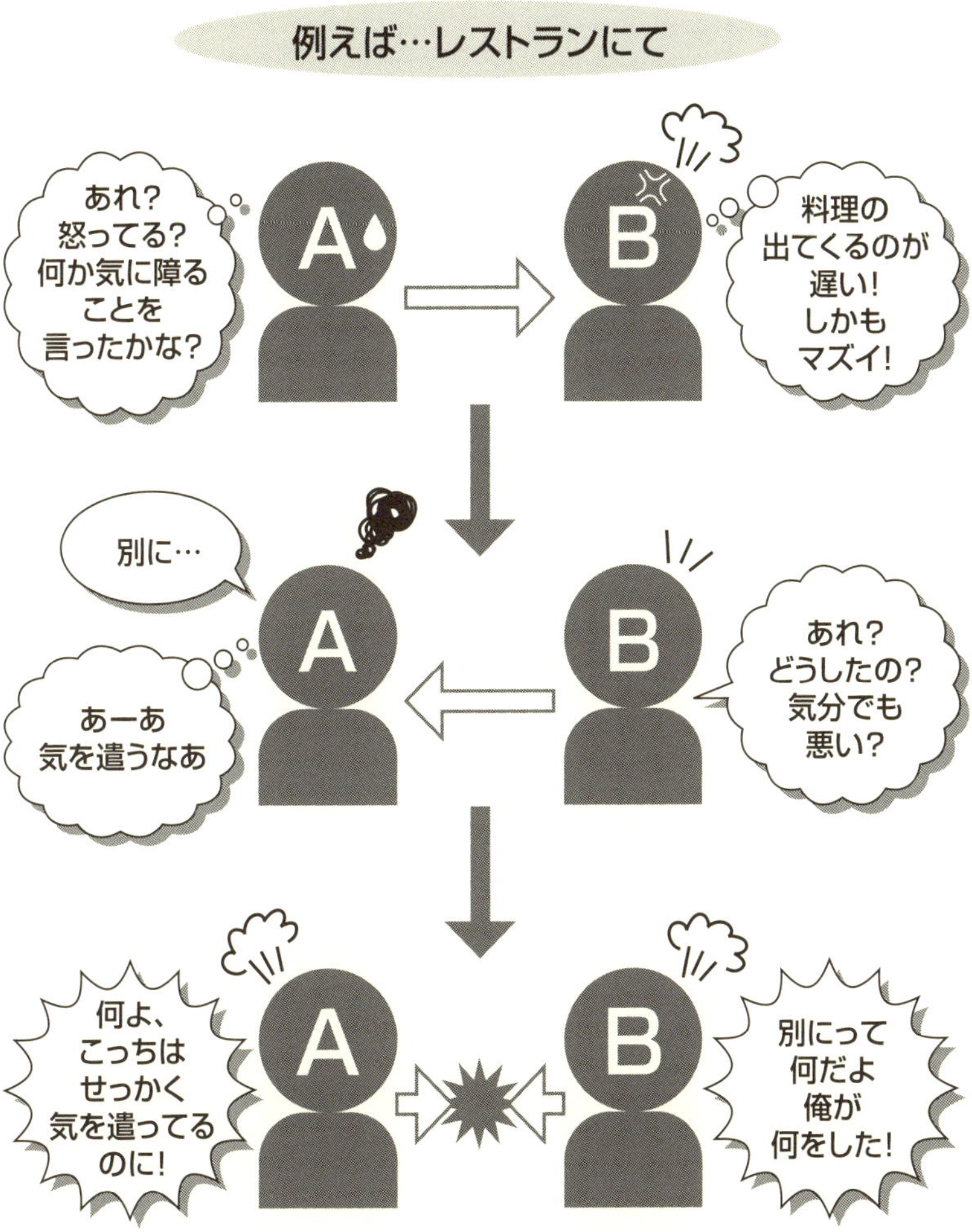
例えば…レストランにて
あれ？ 怒ってる？ 何か気に障ることを言ったかな？
A
B
料理の出てくるのが遅い！ しかもマズイ！
別に…
あーあ 気を遣うなあ
A
B
あれ？ どうしたの？ 気分でも悪い？
何よ、こっちはせっかく気を遣ってるのに！
A
B
別にって何だよ 俺が何をした！

10 事故・トラブル防止の仕組みをチャート化【その1】

▼現場から上がった報告の〝重要度〟をあらかじめランク分けしておくなどの対策も必要△

3原則を押さえたうえで、具体的な事故・トラブル防止の仕組みづくりに取り掛かります。注意したいのは、組織の上層部が掲げる理念と、現場の取り組みが切れてしまわないよう、全体の流れがブレないようにすることです。そのため、**まず全体の流れをチャート化**します。

最初は、現場における事故・トラブルの〝種〟をいかに漏れなく吸い上げるかということです。よく活用されるものとして、実際に事故・トラブルが発生したときに提出される「事故・トラブル報告書」、あるいは「ひやり・はっと報告書」などがあげられるでしょう。

次に、現場から上がった報告に対し、状況に応じてどう対処するのかを決めておきます。例えば、「緊急対処（Aランク）」、「ケース検討（Bランク）」、「経過観察（Cランク）」という具合に分類し（どのランクに該当するかは、現場の担当者と専門職によるチームで判断）、Aランクであるなら「その日のうちに現場ミーティングにかける」、Bランクならば「その週に臨時のケース検討会にかける」、Cランクならば「重点観察を行いつつ、タイミングを見て定期のケース検討会にかける」などという具合になります。もちろん、本人がケガなどを負ったり、経過観察の後に異常が見られたら「緊急対処」へと格上げすることが必要です。

この場合、各ミーティングや検討会の構成メンバーや進め方も事前に決めておきます。

現場からの報告にどう対処するか?

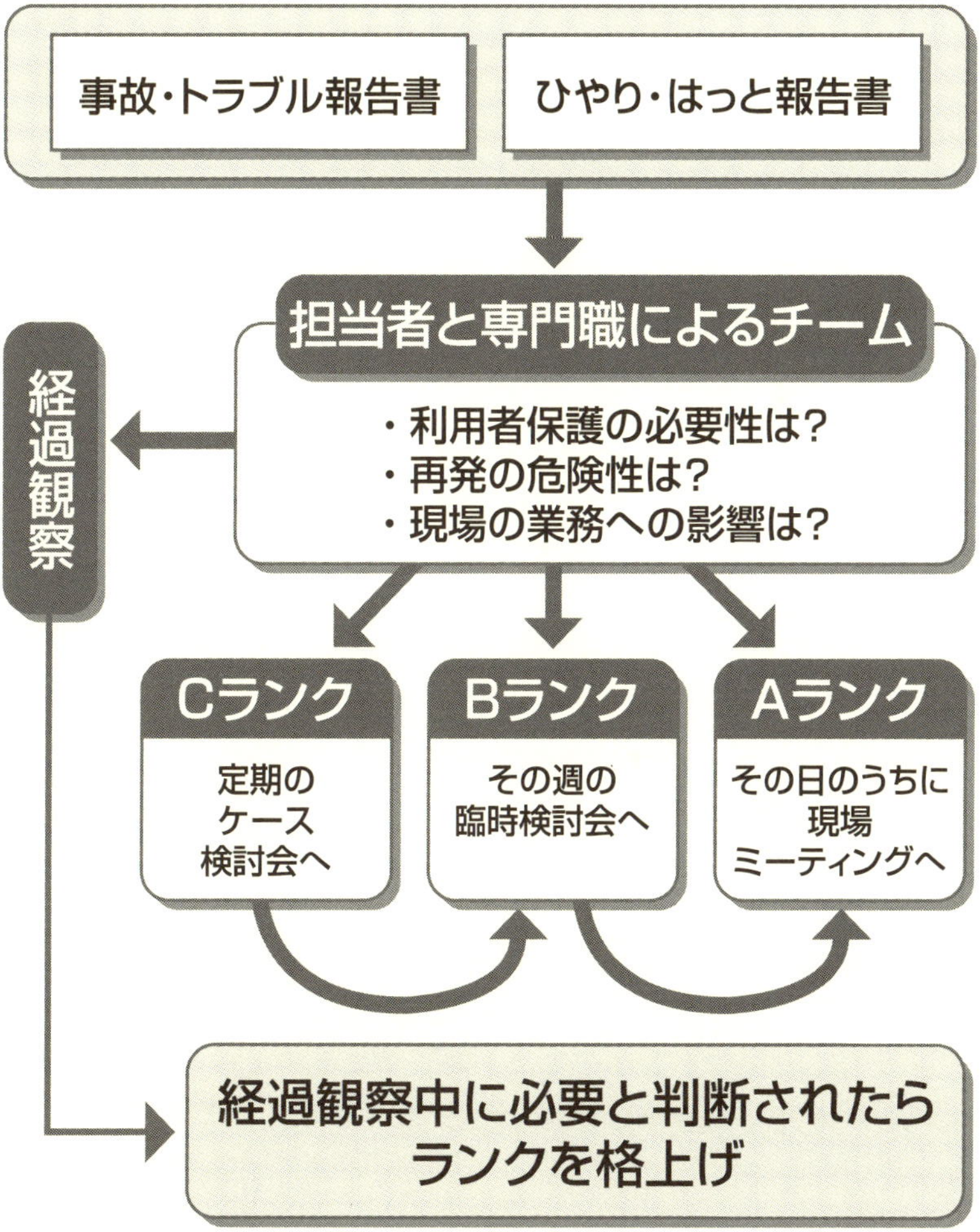
事故・トラブル報告書
ひやり・はっと報告書
担当者と専門職によるチーム
・利用者保護の必要性は?
・再発の危険性は?
・現場の業務への影響は?
経過観察
Cランク
定期の
ケース
検討会へ
Bランク
その週の
臨時検討会へ
Aランク
その日のうちに
現場
ミーティングへ
経過観察中に必要と判断されたら
ランクを格上げ

11 事故・トラブル防止の仕組みをチャート化［その2］

▼事故発生の場合のアセスメントの視点や専門家との連携方法も決めておく△

随時のミーティングやケース検討会などによって、「事故・トラブルの再発を防ぐには」、あるいは「ひやりはっとを事故・トラブルに結び付けないためには」どうすればいいかを話し合います。ここで大切になるのが、先に述べた3原則です。

例えば、ある事故が発生した場合、その背景として、**①利用者の身体および心の状態に変化はないか、②介護するスタッフ側の身体および心の状態に変化はないか、③利用者と介護者が置かれる環境にいつもと違う変化はないか**、という3つの視点からアセスメントを行います。

①〜③についてアセスメントを行う際、医師や看護師、栄養士、リハビリ職、あるいは現場管理者などのように、専門的立場からの情報が必要である場合は、「誰がどのようなルートで情報をもらうのか」をあらかじめ決めておくようにします。

介護現場では建前上チームケアが原則ですが、例えば訪問介護などの現場では、サービス担当者会議一つを開くのもなかなか困難なケースがあります。そこで、チャート作成の段階から、サービス提供責任者などが「情報入手のためにどう動けばいいのか」を決めて、マニュアル化しておくようにすると、後々スムーズな対応が可能になります。ここで、ケアマネジャーとの連携の方法を考えておくことも必要になるでしょう。

事故・トラブル報告を受けたら「3つのリスク」を分析

事故・トラブル報告書　　ひやり・はっと報告書

↓

チームによる検討会・ミーティング

1. 本人リスクは何か？
2. スタッフ側リスクは何か？
3. 環境・変動リスクは何か？

↑ 現場からの情報　　専門職からの情報 ↑

↓

情報伝達の仕組みをマニュアル化

・誰が窓口となるのか?
・どんな方法で、情報請求をするのか?
・情報伝達の手段・書式はどうするのか?
・情報請求がうまく行かない時のフォローは?

12 事故・トラブル防止の仕組みをチャート化【その3】

▼仮説→実行→検証→改善→仮説、という流れを意識する△

3原則に沿ってアセスメントを行った後、具体的な方策を立てることになります。その場合、①**仮説**を立て、②現場において**実行**し、③**検証**（モニタリング）を行い、④**改善**の必要があれば再びアセスメントを通して①に戻る、という流れを意識します。

実は、アセスメントから①〜④の流れを実行する中で、「この事例は他の利用者にも通じるものがある（普遍化できる）のではないか」と思われるケースが出てきます。チャート作成においては、個別事例への対処を進める一方で、この「普遍化できる」という仮説をどこかで抜き出す作業を位置づけることが求められます。

例えば、個別事例への対処に関して、一連の流れを「専用のケース記録」（集中的な経過観察記録などと銘打つ方法も）に落とします。これを管理者がチェックする際に、ただ「実行できているか」を見るだけでなく、「複数の利用者およびケースに関して共通するポイントはないか」という視点でチェックを行うことを意識させます。

このチェックを行った結果、「普遍化できる」と判断したものについて、例えばリスクマネジメント委員会において検討材料にするわけです。現場で起こっている事例がベースとなるので、現場スタッフの委員会への参加意欲を高めるうえでも効果的と言えます。

「事故リスク」のアセスメントはどう活かしてゆくか?

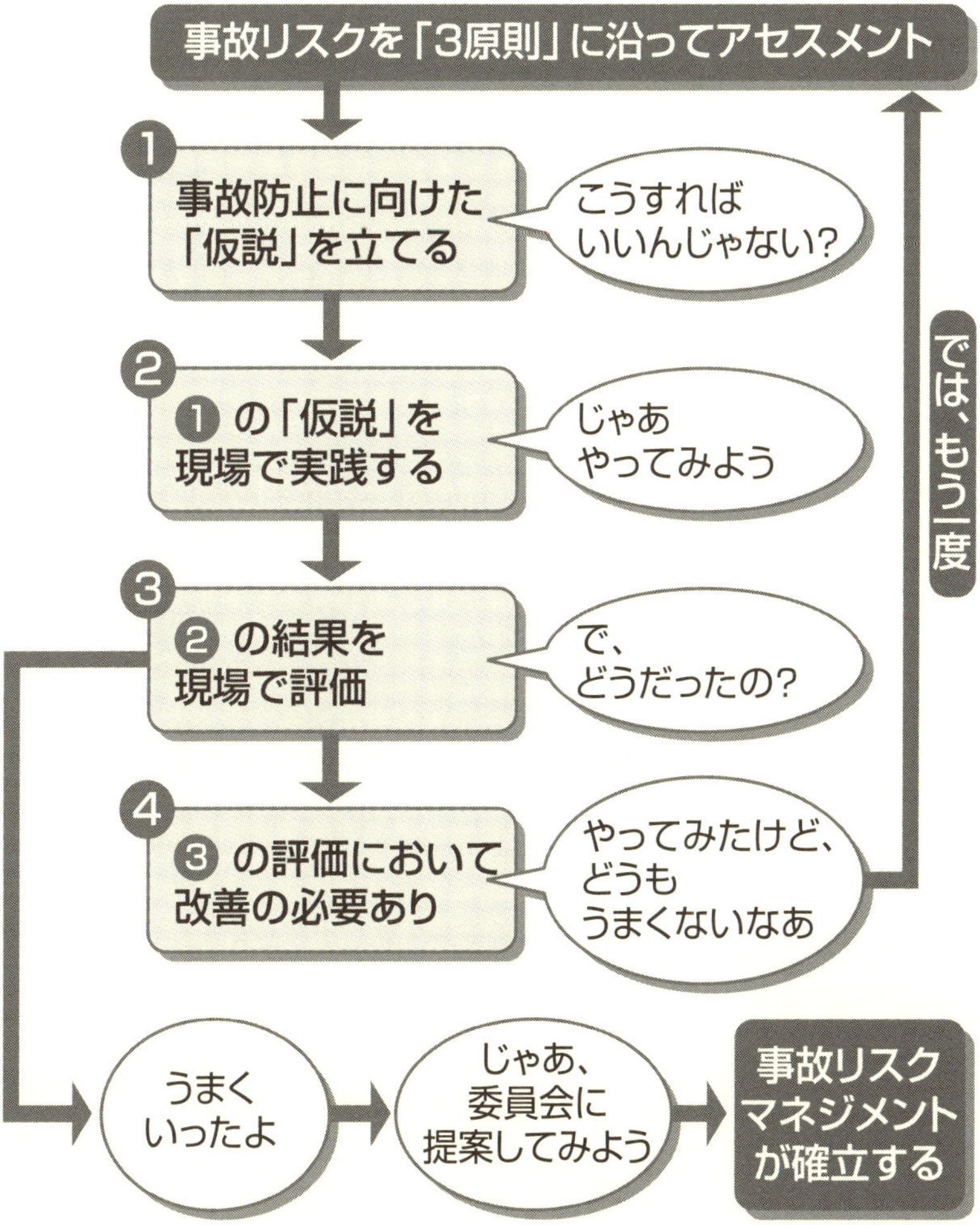
事故リスクを「3原則」に沿ってアセスメント
1
事故防止に向けた「仮説」を立てる
こうすればいいんじゃない?
2
1の「仮説」を現場で実践する
じゃあやってみよう
3
2の結果を現場で評価
で、どうだったの?
4
3の評価において改善の必要あり
やってみたけど、どうもうまくないなあ
では、もう一度
うまくいったよ
じゃあ、委員会に提案してみよう
事故リスクマネジメントが確立する

13 現場と委員会の関係をどのように位置づけるか？

▼責任者には委員会で決まったことを実行するポイントを探し出し、根回しを行う△

委員会において取り上げられた課題については、その場で「似たような事故・トラブルを発生させない」ための話し合いへとかけられます。そこで打ち出された具体策は、いったん現場に戻して実施し、その効果を検証するために再度委員会へと差し戻します。

つまり、ここでも①仮説、②実行、③検証という流れをとるわけです。

ここで考えておきたいのは、いくら現場側からボトムアップされた課題であったとしても、いったん委員会で決まったことを「現場で実行する」となれば、そこでは現場の仕事の流れに少なからぬ影響が生まれるということです。現場は現場なりに仕事の流れを作っているわけですから、そこにたびたびトップダウンの横やりが飛び込んでくれば、混乱をきたします。

そこで、委員会の進行と同時に、現場を統括する責任者（事業所長）などがあらかじめ現場の仕事の流れをアセスメントします。そして、委員会で決まったことを無理なく試行させることのできるポイントを探し出し、根回しを行います。例えば、一定以上の経験あるベテランが集中する現場に出向き、早くから説得を続ける努力が必要になります。

もしくは、実行に際して、その現場の人員配置などを一時的に厚くすることも考えられます。その場合は、組織の改編が必要になるため、より一層事前の根回しが求められます。

決定した「具体策」を現場に“落とす”には

委員会で決定した
「事故防止」のための具体策

仮説 この現場ではどうすればいい？

実践 実際にやってみた

検証 やってみてどうだったか

仕事の流れをアセスメントしつつ導入する

◎時間帯ごとの忙しさはどうか？
◎人員配置はどうなっている？
◎具体策を回せるベテランはいるか？
（いなければ、人員配置を変えることができるか）
◎環境は整っているか？
（例.重度の認知症の利用者がいて、新しいことの実践にリスクが伴なう）

14 本人および家族への説明責任もしっかり果たしたい

▼利用者の生活の流れに支障をきたさないことが大切△

委員会など、主に代表者レベルで決まったことを現場に下ろす場合、注意しなければならないのは「職員側の仕事の流れ」だけではありません。最も配慮しなければならないのは、利用者の生活の流れに支障をきたさないようにするということです。

例えば、誤嚥《ごえん》性肺炎を防いだり、摂食量を増やすために、「口腔ケアの回数を増やす」という提案がなされたとします。これを現場で試行する場合、「結果的に利用者にとっていいことだから」という理由で、いきなり実行に移すという光景も多々見られます。

しかしながら、いくら「利用者のため」とはいえ、そこでは本人や家族の意思決定がまったく無視されることになります。**何かしら現場で新たなケアを行う場合には、必ずその都度、本人もしくは家族に対する説明責任を果たし、了承を得なければなりません。**

これは決して〝セレモニー〟ではなく、リスクマネジメントという観点においても極めて重要なことなのです。先に述べた例で言うなら、いくら「口腔ケア」を充実させても、他の要因で誤嚥性肺炎が起こることもあります。その際、「いつもと違うことをやっていて、それは家族にも知らされていなかった」となれば、家族側にあらぬ誤解を招き、それが不信感につながることで後々大きな問題に発展しかねません。この点は特に注意が必要です。

ヒソ ヒソ
Aさんの
おむつ外し
プログラム
だけど…
??!?
おむつ…
何？
不信不安

コラム　介護現場でいま何が起ころうとしているか？

新サービスの誕生で「働く側」のリスクが増大!?

介護保険制度の次期改正において、新たなサービスが誕生する予定となっています。それが、24 時間巡回型の訪問サービスです。(もう1つの新サービスと言われていた「お泊まりデイサービス」は今回の改正では見送られる可能性が高くなりました）利用者宅を巡回しながら、短時間で複数回の訪問サービスを提供するというもので、定時訪問のほか、利用者のニーズ等によって随時訪問も可能となります。また、介護職と看護職がペアを組みながら、介護と看護の一体的なサービスも想定されています。

いずれにしても、現場としては、これまでとは異なるシフトによって労務管理を行なっていくことが必要になります。しかしながら、「これからの利用者ニーズに対応した新たなサービス」という点は強調されていますが、それによって現場の働き方がどうなるのか、新たなリスクの発生は想定されているのかという点について、議論はまだ十分に踏み込んでいません。

例えば、24 時間巡回型訪問の場合、それまでの訪問介護では主流となっていなかった「夜間訪問」が増えることが想定されます。また、利用者からの呼び出しによる随時訪問などに備えるとなれば、一晩中事業所に待機する人員の確保も重要になってくるでしょう。

その場合、施設やグループホームなどと同様の「夜勤」による働き方が、訪問の現場でも増えてくることになります。当然、ヘルパーに対する健康管理などについて、新たなノウハウが必要になる事業所も多くなるでしょう。短時間訪問が中心になってきた場合、時間におわれたりする働き方が腰痛などのリスクも増やすという指摘もあります。

働く側のリスクについて、もう一度見直す時期が来ているといえます。

第3章

ダントツ1位の「転倒・転落事故」を防ぐ15のポイント

1 そもそも、なぜ「転倒・転落事故」は起こるのか？

▼事故の8割は転倒・転落。発生原因は何かをしたいという「人間の活動意思」にある△

介護現場におけるあらゆる事故の中で、8割以上を占めるのは、利用者が歩行中に「転倒」したり、あるいはベッドや車いす、便座などから「転落」するという事故です。「事故を防ぐ」ということは、まさに「転倒・転落事故を防ぐ」ことに等しいとも言えます。

そもそも、この類の事故が起こるというのは、人間が「活動的な生き物」であることを示しています。例えば、転倒事故のほとんどは、歩行という「活動」中に発生します。

転落事故においても、座る・寝るという姿勢から、「その人が何かをしようとする」がゆえに発生すると言っていいでしょう。例えば、車いすに長時間座っていて苦痛になった→「少し姿勢を変えたい」→体をずらす→腹筋や背筋が弱っているので姿勢が保ちにくい→少しずつずり落ちる→転落事故、という流れになることが多々見られます。これもまた、本人の「姿勢を変えたい＝活動する」という意思によって発生するというわけです。

今でも、介護現場における身体拘束が行われているケースがあります。この身体拘束というのは、「本人の活動」をシャットアウトすることで、「事故を防ごう」という考え方に他なりません。ところが、「活動する意思」はシャットアウトできないどころか、本人の「苦痛から脱したい」という意思を助長し、かえって事故を誘発するという矛盾が生じるわけです。

「活動意欲」を抑えようとするから事故になる

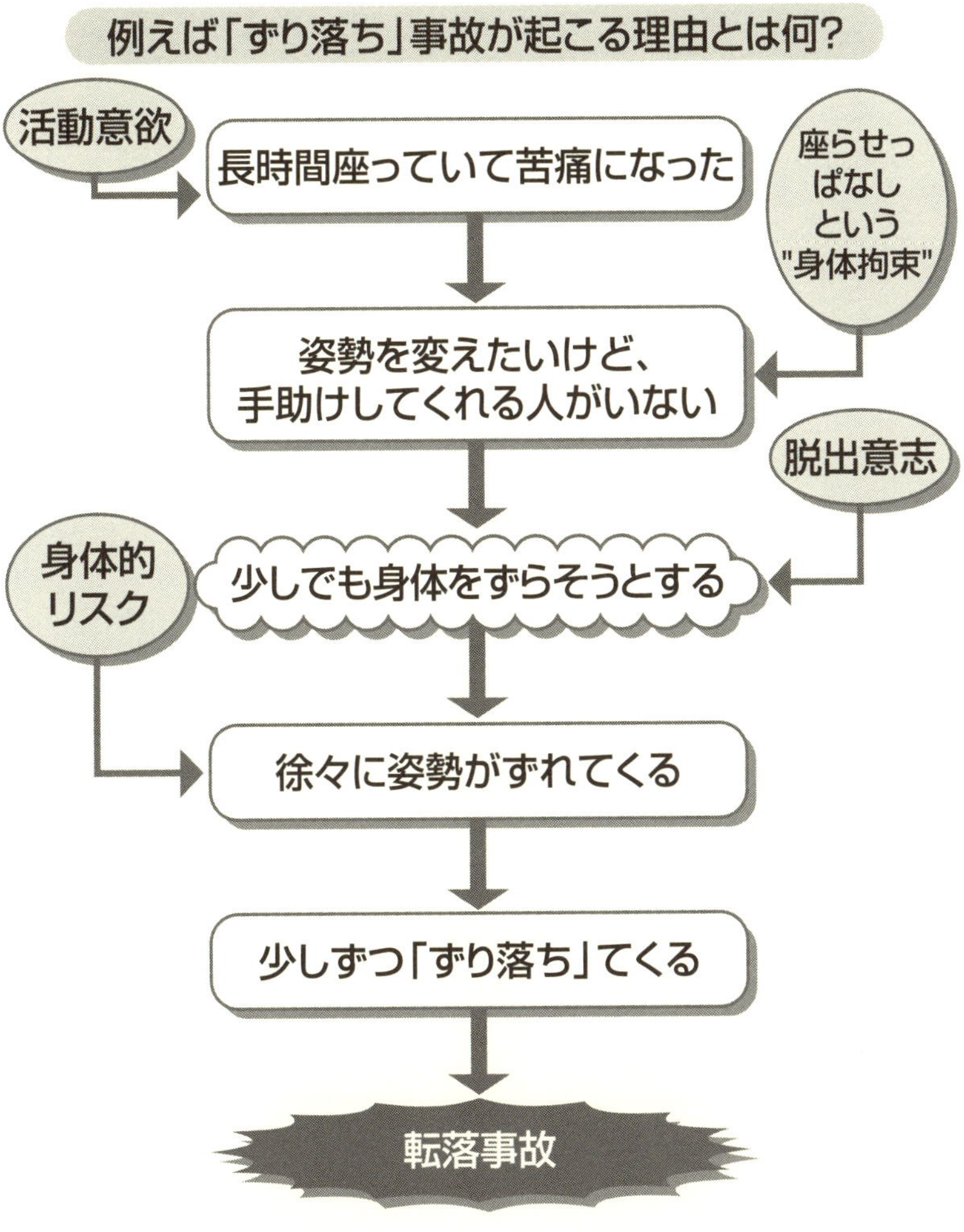
例えば「ずり落ち」事故が起こる理由とは何?
活動意欲
長時間座っていて苦痛になった
座らせっぱなしという"身体拘束"
姿勢を変えたいけど、
手助けしてくれる人がいない
脱出意志
身体的リスク
少しでも身体をずらそうとする
徐々に姿勢がずれてくる
少しずつ「ずり落ち」てくる
転落事故

2 本人リスクの把握①
24時間のADL状況を把握するつもりで
▼在宅の場合は、アセスメントの工夫が必要△

第2章の「事故防止3原則」に沿って、転倒・転落事故を防ぐ基本を考えてみましょう。

まず、原則1に掲げた「本人リスクの把握」ですが、ここで把握すべきポイントは大きく3つに分類されます。具体的には、①本人のADLや既往歴などの身体状況、②本人の精神状況や認知の状況、③本人の生活への意向、という具合になります。

①については、「自立歩行がどの程度可能か」とか「座位をどの程度保つことができるか」など、ほとんどの施設・事業所では詳細なアセスメントが行われていると思います。

しかしながら、ここで大切なのは、ある一定時間だけの行動をとらえてアセスメントするのは危険だということです。例えば、日中に自立歩行のできていた人が、夜間にトイレに出かけたりしたときに〝ふらつき〟などを生じるケースは多々あります。午前中、座位の保てていた人が、午後になると疲労などによって長時間同じ姿勢を保ちにくいというケースもあります。

つまり、その人のADL状況などは、24時間の生活サイクルの中で把握しなくては意味がないということです。24時間身近にスタッフがいる施設などでは可能でしょうが、在宅でのアセスメントではなかなか難しいケースも出てくるでしょう。例えば、家族からの聞き取り調査などを行いながら、その内容を客観的な情報に落とし込む能力が問われてきます。

人間の「身体的リスク」は24時間で大きく変わる

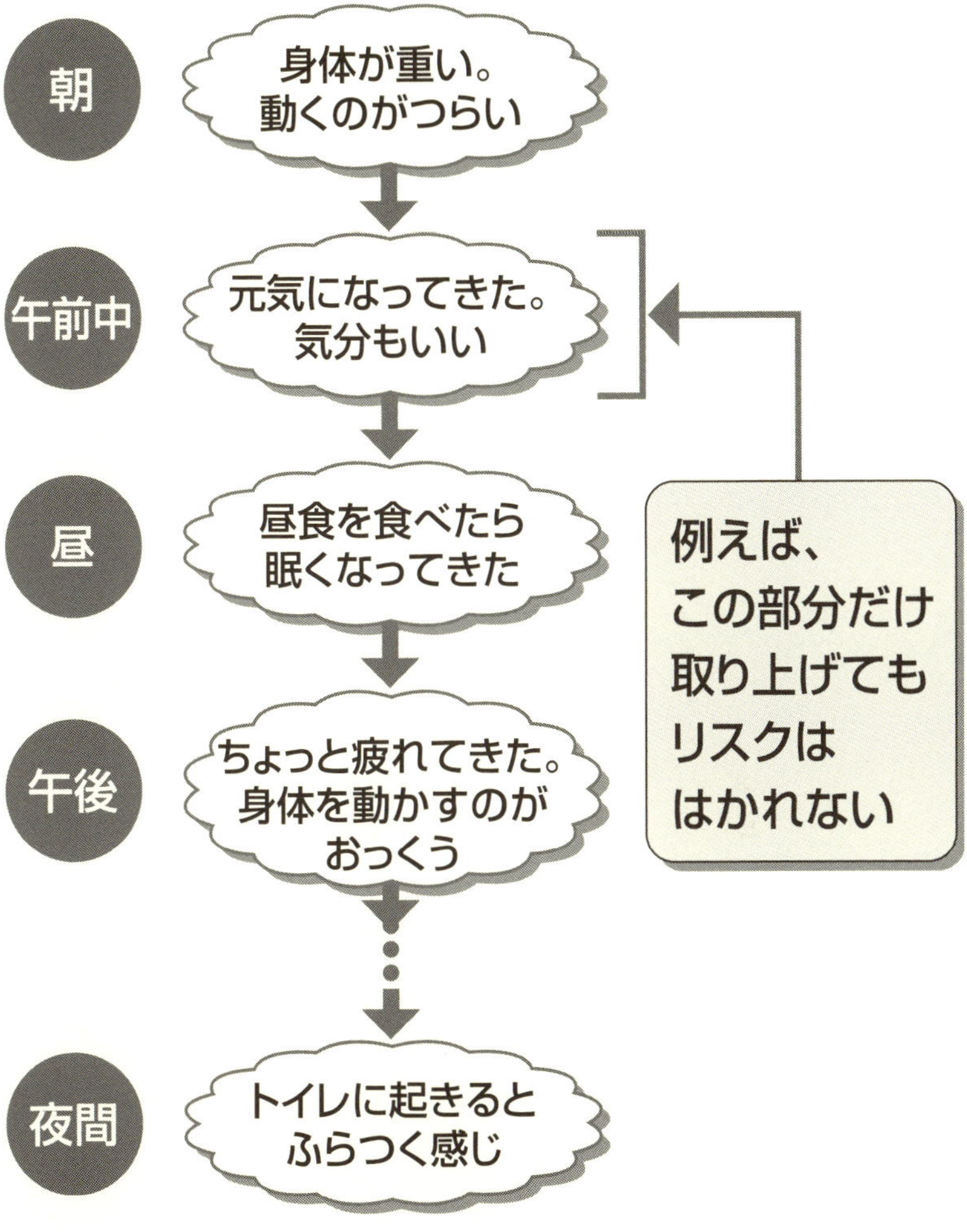
朝
身体が重い。
動くのがつらい
午前中
元気になってきた。
気分もいい
昼
昼食を食べたら
眠くなってきた
午後
ちょっと疲れてきた。
身体を動かすのが
おっくう
夜間
トイレに起きると
ふらつく感じ
例えば、
この部分だけ
取り上げても
リスクは
はかれない

3 本人リスクの把握②
医学的・栄養学的な情報を読み解く力を

▼本人の〝体の中の状態〟〝変化〟を素早く、的確にキャッチする△

転倒・転落に関する身体面のリスクを考える場合、問題となるのはADLだけではありません。本人がどんな既往歴を持っているか（特に、どんな薬を処方されているか）、現状における栄養状態がどうであるのかといった「体の中の状態」も、重要なポイントになります。

例えば、処方されている薬によっては、歩行時の「ふらつき」などを助長することもあります。低栄養から貧血などの症状が出やすい状態にあれば、これも大きなリスクとなるでしょう。

これらの情報については、担当医師や看護師、さらには管理栄養士といった専門職からの情報提供がカギとなります。介護現場で働く人にとって、ここで大切になるのは、①**常に最新の情報を更新できる環境にあるか**、②**与えられた情報をきちんと理解できるかどうか**、です。

①については、例えば、「定期診断等によって新たな病気が発見された」とか「新しい薬を処方された」といった情報がタイムリーに現場に届くかがポイントになります。在宅では、ケアマネジャーのフットワークに頼ることになりますが、実際のサービス提供者としても、連絡ノートなどを活用することで、〝変化〟を素早くキャッチする仕組みが求められます。

②については、医学的・栄養学的な知識に関して現場レベルで研修を積み重ねつつ、「こういった症状の時にはどんなリスクが考えられるか」を確認し合う習慣が求められます。

「身体の中の情報」は、タイムリーに正確に収集しよう

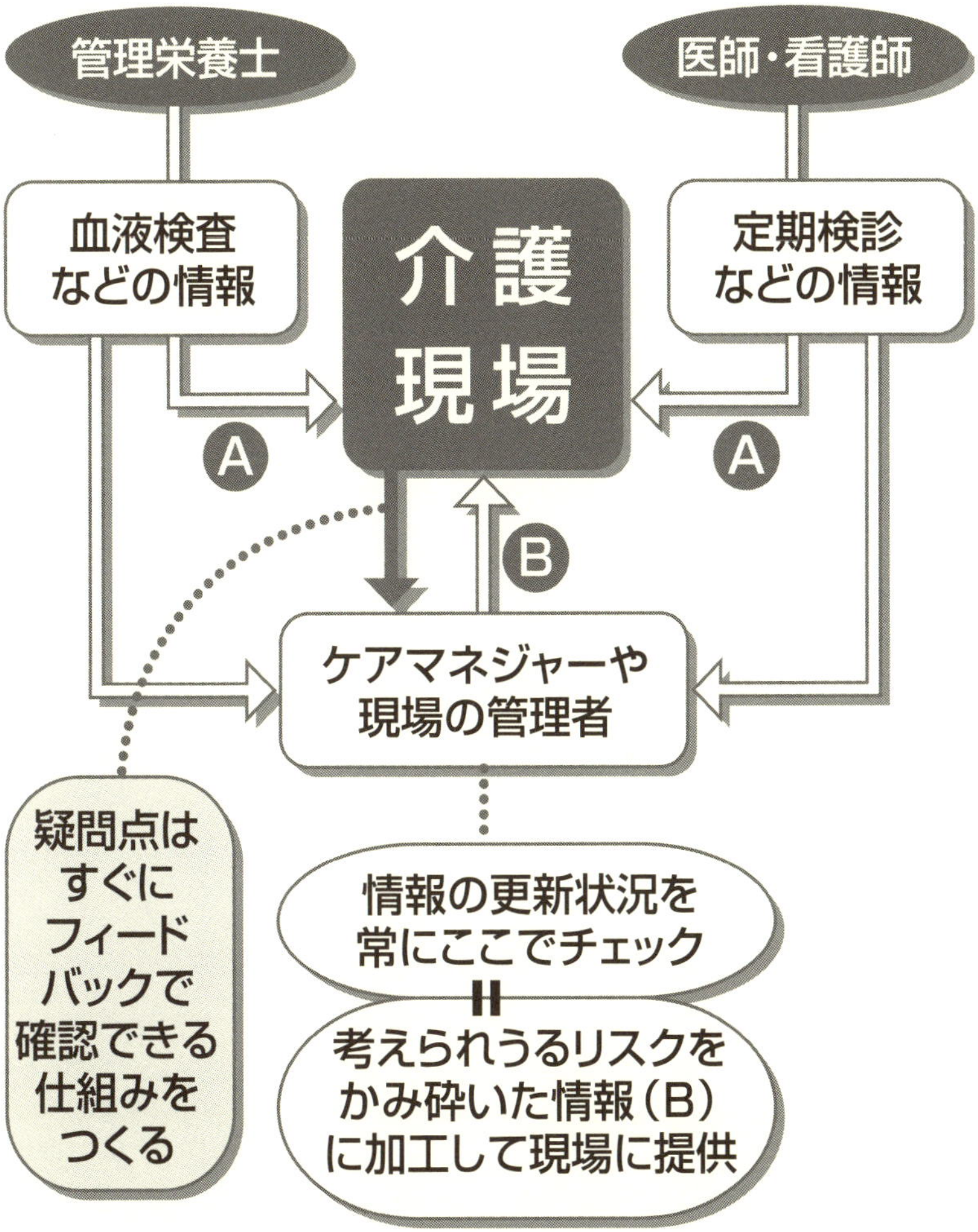
管理栄養士
医師・看護師
血液検査
などの情報
介護
現場
定期検診
などの情報
A
A
B
ケアマネジャーや
現場の管理者
疑問点は
すぐに
フィードバックで
確認できる
仕組みを
つくる
情報の更新状況を
常にここでチェック
＝
考えられうるリスクを
かみ砕いた情報（B）
に加工して現場に提供

4 本人リスクの把握③

本人の「心と認知の状態」を把握しよう

▼「その人が自分の身体状況をどこまで認知できているか」を知る△

転倒・転落のリスクを推し量る場合、特に重要になるのが、「本人リスク」の2番目に掲げた「本人の精神や認知の状況」です。例えば、利用者が認知症であった場合、実際には自立歩行が困難であったとしても、本人はそのことを認知できていないことがあります。

自分のADLを認知できていない状態で、衝動的に「トイレに行こう」としたり、「目の前にあるものを取ろう」とした場合、いきなり立ち上がり、そのまま転倒するなどというケースも多々見られます。こうしたケースでは、身体的な状況をアセスメントするだけでは足りず、同時に「その人がどこまで認知できているのか」を知ることが重要になるわけです。

また、時折見られるケースとして、ベッドからの転落防止のために柵（4点柵は身体拘束となります）などを取り付けた際、「目の前の柵が邪魔だから」とそれを乗り越えようとして転落する事故も発生しています。これなどは、本人に違和感を感じさせる「何か」をすることが、衝動的に危険な行動を呼び起こすことを示しています。

つまり、〝それ〟をすることによって、本人の感情にどのような刺激を与えるのかが予測されていないと、「本人のため」を思ったことがかえって危険を呼ぶ結果になるわけです。その意味で、**本人の心の状態を把握したうえでのケア**ができるかどうかがポイントになります。

"刺激"が
思わぬ行動を
生むことも…

5 本人リスクの把握④ 生活観・生活への意向を知ることも重要

▼「その人はどんな生活をしたいと常日頃考えているか」を意識する△

ここまで述べたような、「身体的なリスク」と「心の状態によるリスク」については、多くの介護現場でも詳細なアセスメントが実施されていることと思います。

しかしながら、これだけでは事故防止のためのアセスメントとして、決して十分とは言えません。今、一番求められるのは、3番目の「本人の生活への意向」が呼び起こすリスクです。転倒・転落事故というのは、そのほとんどが「人間が活動的な生き物」であることを背景として発生します。活動的というのは、その人が長年培ってきた生活習慣や、「こんな生活がしたい」という意思を動機としているということで、その人の人間らしさを最もよく示すバロメーターと言っていいでしょう。

例えば、自然のもたらす風物によって季節の移り変わりを感じ取ってきた高齢者にとって、街の喧騒《けんそう》に囲まれて暮らしてきた人々には想像できないほど、「虫の音」や「鳥のさえずり」などに敏感に反応するものです。もし、居室の外で、珍しい虫の音が聞こえたら、つい窓際に寄ってみたいという衝動が起こることもあるでしょう。

こうした本人の生活観をきちんとくみ取っていれば、意識して本人の動きを観察することができるはずです。些細なことですが、これが事故防止を左右する大きなポイントとなります。

「生活への意向」からどんなリスクを読み取るか?

例

本人の日常習慣	◎新聞や郵便物を取りに行くのが長年の習慣 ◎夕食の買い出しは毎日欠かさず行なっていた
本人の趣向・性格	◎とにかく子供が好き。学校帰りの子供たちといつも挨拶を交わす ◎秋になると虫の音を聞くのが好き

1 (配達の)バイクの音などに反応しやすい?

2 夕方になるとそわそわするのはそのせいか?

3 子供の声が聞こえるとその方向を向くクセがあるなぁ

4 虫の音を聞こうと夜間に起きだすことがあったなぁ

1～4において衝動的に「動く」リスクが潜んでいる? → 4

6 本人リスクの把握⑤「生活の意向」をどうやってくみ取るか？

▼その人の生活観をくみ取れる〝専用シート〟をうまく活用する△

具体的に、どうやって「利用者の生活の意向」をくみ取るかを考えてみましょう。

介護保険のケアプランにおいては、利用者の意向を摑んだうえでQOL（生活の質）の向上に向けたケアをプラン化することが必要とされています。しかしながら、実際は、「（代弁者である）家族の意向」のみにとどまっていたり、抽象的な表現で終わるケースも見られます。

プランを作成するうえで必要となるアセスメントについても、生い立ちや趣味、簡単な生活習慣の把握という程度しか聞き取れていない例が少なくありません。ケアマネジャーや施設の相談員の中には、面接回数がそう多く取れない人もあり、その意味では無理からぬことです。

となれば、必要なのは、①**本人の生活観や生活志向をくみ取ることのできる専用シートを用意すること、**②**現場の介護職など、本人と身近に接している人が気づいた時点でアセスメントを柔軟に加筆できること、**③**②の気づきを引き出すための「現場の人材の感性」を鍛える仕組みをつくること、**という3点を整えておくことが求められます。

①〜③については、現場のケアにきちんと反映させたうえで、「果たしてそれが正しいのか」を評価する仕組みも必要です。評価をしたうえで、必要に応じてアセスメントを更新する——この繰り返しがアセスメントの質を向上させることになります。

生活観をくみ取る専用シート例

	担当者のアセスメント	気づいた人が加筆
○○さんの生い立ち	※時系列で表示。箇条書きでかまわない	……………… ……………… (担当○○6/4)
生まれ故郷とその時代の状況	※本人が語った言葉は「　」で方言なども入れておくとベター	
元気だった頃の日常生活	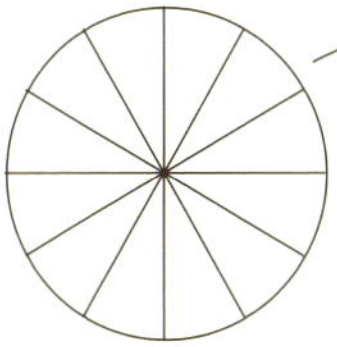 タイムテーブル	※タイムテーブルを図式化するなどひと目でわかる工夫もする
職業歴	※家族の話からだけではわからない意外な過去がある場合もあるので、必ず本人の話も聞く。	
趣味趣向	※趣味の他、好きな言葉、色、食べものなど気づいたことは何でも	
嫌いなもの		
⋮	⋮	

新たに気づいたことがあれば、その都度加筆（担当者名と加筆日時も記す）

7 ADLは「自立」なのに事故が発生する理由

▼詳細なアセスメントを現場の介護職に伝える仕組みが必要△

ここまで述べた「本人リスクの把握」によって、どのようなケースで「転倒・転落事故のリスク」が高まるかを、具体的な事例に沿って考えてみましょう。

例えば、ADL（日常生活動作）面のアセスメントにおいて「自立歩行ができる」とされている人であっても、状況によってはかえってリスクが高まることがあります。先に述べたように、時間帯、あるいは服薬等の状況によって〝ふらつき〟が生じるケース。あるいは、ADL面のアセスメントをより詳細にとっていくと〝すり足歩行〟になっていて、ほんの小さな段差（実はこちらの方が危ない）やちょっとした床のすべり具合によってリスクが高まるケース。

さらに、認知症などがある場合、何かの拍子に本人の感情を刺激し、衝動的に早足になったり、急いで前へ進もうとして転倒に結びついてしまうケース（「急いで家へ帰らなくては」とか、誰かを見つけて「すぐに追いかけなくては」などと思ったりする状況）があります。

認知症がない人のケースでも、本人の生活習慣の中で「あれをしなければ」と思ったとたんについ無意識のうちに前のめりになり、転倒に結びつくということもあります。

そして、これらの詳細なアセスメントが現場の介護職に十分伝わっていないがゆえに、「この人は歩行ができる」という油断から、かえって事故を増やす危険があるわけです。

「本人のリスク」を書き出してみる

◎現在の服薬状況
（処方している薬を服用することでどんなリスクがあるか）
（医師などより）

◎内部疾患等
（看護師よりリスクを確認）

◎10分椅子に座っていると姿勢が右にずれてくる
（担当ケアワーカーより）

↓

転落リスクあり？
（PTなどに確認）

◎夕方になると「買い物に行かないといけないねえ」と言いつつそわそわし始める
（担当ケアワーカーより）

↓

「急な立ち上がり」などがあったかどうか、ケアワーカーに確認

◎すり足歩行
家でカーペットの端に足を引っかけて転びそうになった
（家族より）

◎現在のリハビリの状況
週3回デイケアにて3センチ高の段差の昇降
（PTより）

↓

本人のリスクを一枚の用紙に描くことで
その人のリスクのイメージがより明らかになってくる

8 スタッフ側のリスク把握①
スタッフの集中力は？　利用者との相性は？

▼介護スタッフ側の問題も解決する〝リスク管理〟の視点が大切△

前項のようなリスクを現場のスタッフが十分に把握していれば、「どんな状況で気を配ればよいか」が分かり、見守りにメリハリをつけることで事故防止につながります。

しかしながら、当のスタッフ側が集中力を切らしてしまえば、どんなに手厚くアセスメントを取ったとしても意味がありません。夜勤明けで疲労がたまっている、あるいは業務が特定の職員に集中することで他のことに気をとられがちになる——こうした状況が多々発生する職場では、本人リスクにかかわりなく、転倒・転落などの事故は急増する傾向にあります。

もう一つ重要なことは、本人と介護するスタッフとの相性という問題です。どんな人でも、嫌いな相手や一緒にいて疲労を感じる相手というものがあります。これは、スタッフ側がどんなに気を遣ってもなかなか解消できるものではありません。もし、相性の悪い人から介護を受けたり、一緒にいる機会をもった場合、利用者が不意にその場を離れようとすることもあります。こうした場面において、転倒・転落リスクが高まります。

現場の管理者としては、本人リスクと同時に、**介護する側のスタッフの「その時の疲労度や集中力」、あるいは「利用者との日常的な相性」などにも気を配る必要があります。**そして、その都度リスクの高まりを評価しながら、シフトを変換するなどの対処が求められます。

事故に結びつく「スタッフ側のリスク」にはどんなものがあるか？

身体的リスク	肉体的な疲労・寝不足、 腰痛、風邪などの病気
精神的リスク	生活上の様々な不安・不満・怒り・悲しみなどの感情の起伏、 劣等感やプレッシャー
技能上のリスク	介護技能の未熟 人生経験の不足 多方面の知識不足
相性上のリスク	利用者との相性 家族との相性 同僚との相性

9 スタッフ側のリスク把握②
技能や観察力の未熟さをどうカバーするか?

▼どこが危ないか、なぜそれをやるのかを体得させるにはOJTが効果的△

スタッフ側が十分な集中力を備え、利用者との相性も悪くないとして、それでも「危ない」と思われるケースがあります。例えば、スタッフ側の介護技能が一定レベルに達していない場合、あるいは、その場における観察力や洞察力が未熟であるという場合です。

これを補うには、やはり現任者向けの研修をいかに充実させるかがカギとなります。しかしながら、「何のためにそれをやるのか」という動機がはっきりしない中で、ダラダラと研修や勉強会への出席を強制するだけでは、なかなか効果を上げることはできません。といって、言葉だけで「動機づけ」を説いても、やはりスタッフの心にはなかなか響かないでしょう。

効果的なのは、「現実のシーン」の中で、**「どんなときに転倒・転落事故のリスクが高くなるのか」を体感させる**ことです。例えば、3ヵ月から半年に1日程度の割合で、現場スタッフに対して順番にベテランスタッフをマンツーマンの指導につけます。そして、まる1日一緒に業務を遂行しながら、**「この場面が危ない」というポイントを指摘する**わけです。

この、いわゆるOJTの手法はスタッフ側の理解力を上げるだけでなく、「目の前でリスクを指摘される」ことにより、「現場はいつも危険と隣り合わせである」という危機感を持たせる効果があります。つまり、「やらなければ」という強い動機づけに結び付けやすいのです。

ほら！ここが危ない
ヨロ〜
おっと…
危険な状況を管理職はチェック！

10 スタッフ側のリスク把握③
スタッフ対象のアセスメントの仕組みを

▼スタッフの心の状態を管理者が把握する工夫＝リスク管理術が重要だ△

スタッフ側のリスクを把握するというのは、介護現場ではなかなか制度化されていません。多くの場合、現場の管理職がスタッフ本人と接する中で、気づいたときにのみ「体の具合が悪いんじゃないの？」などと声をかける程度にとどまっているようです。こうした、現場の慣習任せでは、現場全体で事故防止を強化する流れにはなかなか結びつきません。

大切なのは、利用者側のアセスメントと同程度のレベルで、日常的に現場スタッフの心と身体、およびその時々の技能レベルを把握するシステムです。例えば、現場管理者にスタッフの状態をチェックする専用シートを配布して、一定期間ごとに記入をさせ、それを事業所長や施設長、あるいは現場全体を統括する立場の人が随時目を通すようにします。

そこで課題となりがちなのは、スタッフの身体の状態や具体的な介護技能のレベルなど表に見えがちな部分はチェックできても、心の状態や観察力、利用者との相性といった部分は、管理者によってなかなか気づかないケースがありがちだということです。

その場合、ただスタッフの日常業務を傍観するのでなく、管理者からいくつかのキーワードをスタッフに対して投げかけ、「刺激によって反応を引き出す」ことが必要になります。これを自然に行うには、諸々の会議やカンファレンスの場などを利用するといいでしょう。

スタッフへの刺激→反応→記録でアセスメントを行なう

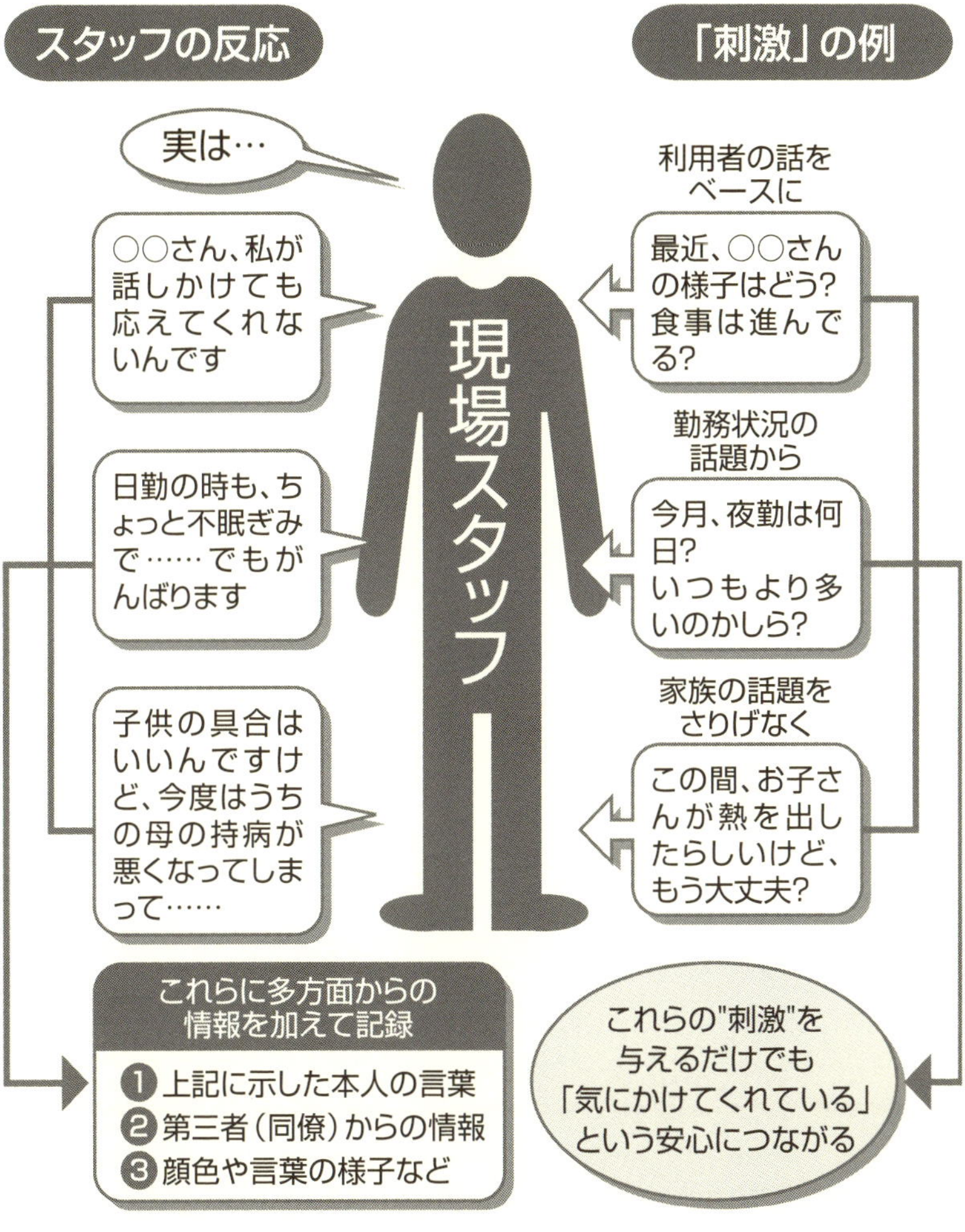
スタッフの反応
「刺激」の例
実は…
現場スタッフ
利用者の話をベースに
最近、○○さんの様子はどう? 食事は進んでる?
○○さん、私が話しかけても応えてくれないんです
勤務状況の話題から
今月、夜勤は何日? いつもより多いのかしら?
日勤の時も、ちょっと不眠ぎみで……でもがんばります
家族の話題をさりげなく
この間、お子さんが熱を出したらしいけど、もう大丈夫?
子供の具合はいいんですけど、今度はうちの母の持病が悪くなってしまって……
これらに多方面からの情報を加えて記録
❶上記に示した本人の言葉
❷第三者（同僚）からの情報
❸顔色や言葉の様子など
これらの"刺激"を与えるだけでも「気にかけてくれている」という安心につながる

11 環境変化のリスク把握①
日常的な「慣れ」が新たなリスクを呼ぶ

▼予測される環境変化に対処する視点△

次に、「時間や環境によってリスクが変化する」ことを考慮しましょう。時間という要因については、すでに「本人リスク」の中で、「昼夜を通じての自立度の変化」や「午前と午後で比較した場合の疲労度の変化」についてふれました。ここでは主に環境要因に焦点を絞ります。

転倒・転落事故の場合、特に「環境リスク」が大きく影響してくることは、現場で働く人であれば日々実感されていると思います。例えば、転倒事故であるなら、本人の動線上に障害物（段差や滑りやすい部分など）があるかどうか。転落事故であるなら、ベッドや椅子、便器などの高さ・形状、手すりの位置や状態などがリスクの大小に大きくかかわってきます。

もちろん、日常的に介護にかかわるスタッフであるなら、こうした環境リスクには当然気を配る習慣はあるでしょう。問題なのは、日常的にかかわっているがゆえに、①「慣れ」によってちょっとした環境変化に気づかないケースがあること、②利用者がいつもと違う環境に置かれた場合に「安易な推測」でリスクを量ってしまうこと、です。

①で言えば、いつもと異なる障害物が発生していたり、手すりなどに布類等がかかっていたなどというケース。②で言えば、いつもと違う散歩コースで外出をしたり、イベントなどに出席をした場合などがあげられます。こうした点を集中的に考えてみましょう。

その時々の「環境リスク」を敏感にチェック！（在宅にて）

12 環境変化のリスク把握② 環境リスクを見取り図等で事前にチェック

▼訪問介護や遠出のバスツアーなどに対処する方法△

①に掲げた「いつもと違う環境変化」を見落とさないためには、まず、利用者の日常的な動線に沿って**「事前の環境アセスメント」をとっておく**必要があります。

例えば、訪問介護の場合なら、サービス提供責任者が最初に利用者宅を訪問し、床に障害物等はないか、手すりにものがかかったりしていないかを見取り図上でチェックし、それをもとに現場のホームヘルパーに「日々のサービス開始前に注意すべき箇所」を指示します。

施設の場合なら、定期的にスタッフが施設内を点検し、危ない箇所があれば、やはり施設内の見取り図などにチェックを入れて、それを全員で確認するようにします。

②については、例えば外出介助などを行う場合、その予定が事前に明らかになっていれば、やはり**現地におもむいて危険箇所をチェックする**ことが必要でしょう。

最近は、施設などで遠出のバスツアーなどを催すケースが見られますが、その場合も手すきの者が〝先乗り〟をして、予測される環境リスクを調査しておきたいものです。特に、途中でトイレなどを利用するケースを想定した場合、そのトイレが車いす利用の人に適しているかどうか、施設でいつも使うトイレとの構造がどのように違うのかも検証しておきましょう。

こうしたチェックリストがあれば、それだけで「環境リスク」への意識が高まります。

見取り図などを使って「危険環境」をチェック

例① 施設内にて…

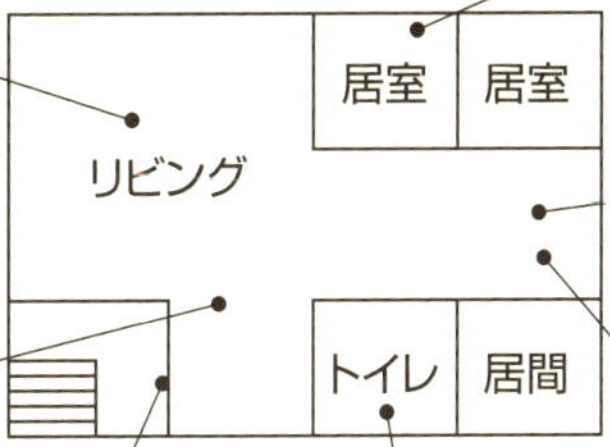

利用者の動線を妨げる家具等はないか?

テーブルなどにぶつかった時ケガをしないか?

ワゴンなどの行き来があるか?

利用者同士がはち合わせした時、衝突の危険はないか

非常階段の入口ドアはしっかり閉まっているか?

ぬれた時に滑りやすくなっていないか?

視覚障害がある場合、床の色などに注意

例② 外出先のレストランにて

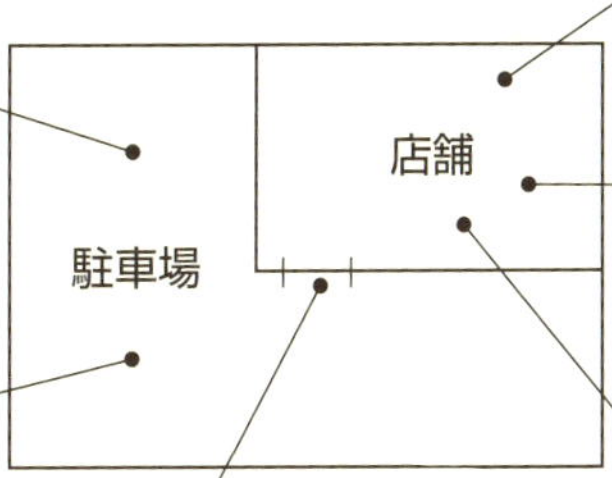

トイレの構造や使いやすさは?

入口から近い所に車が止められるか?

テーブルや椅子の高さ、固さは車いすでも食事ができる?

他の車との接触事故などの危険はないか?

床に段差や障害物は?
手すりになるものはある?

入口の段差は?

13 具体的な事故防止技法①
リスクが高まるタイミングを見極めよう

▼あくまでも「本人リスクの把握」を基本におく△

ここまで述べた3つのリスク把握とその除去をベースとしたうえで、現場において具体的に転倒・転落事故を防ぐための技法について考えてみましょう。

まず、歩行中の見守りですが、「3つのリスクが高まる瞬間」を頭に入れ、そのタイミングに応じてすぐ手が出せる範囲まで近づきます。何かのきっかけで早足や前のめりになりそうなときは、利用者の視界に入ったうえで声をかけ、こちらを意識してもらいます。スタッフの存在を意識すれば、歩みをいったん止めたり、ペースを落ち着かせることができます。

廊下の曲がり角が多い施設などでは、**確認ミラー**などを取り付けておくといいでしょう。在宅などで死角が多い場合も、利用者や家族と相談して、姿見などの位置を工夫します。

問題は、トイレや居室など、スタッフの目が行き届かなくなる瞬間です（ともに利用者のプライバシーを守るという大前提がありますが、同時に〝監視〟が強すぎることで利用者の落ち着きを阻害し、それが事故リスクを高めるということも頭に入れておきましょう）。

このケースでの転落防止について、最近では赤外線等を使った様々な感知装置が見られるようになりました。職員負担の軽減を考えれば、これらの導入も積極的に図りたいものです。ただし、あくまで**本人リスクをきちんと把握し、装置類に過度に頼らないこと**も重要です。

利用者の「危険な状況」にどう対処するか（例）

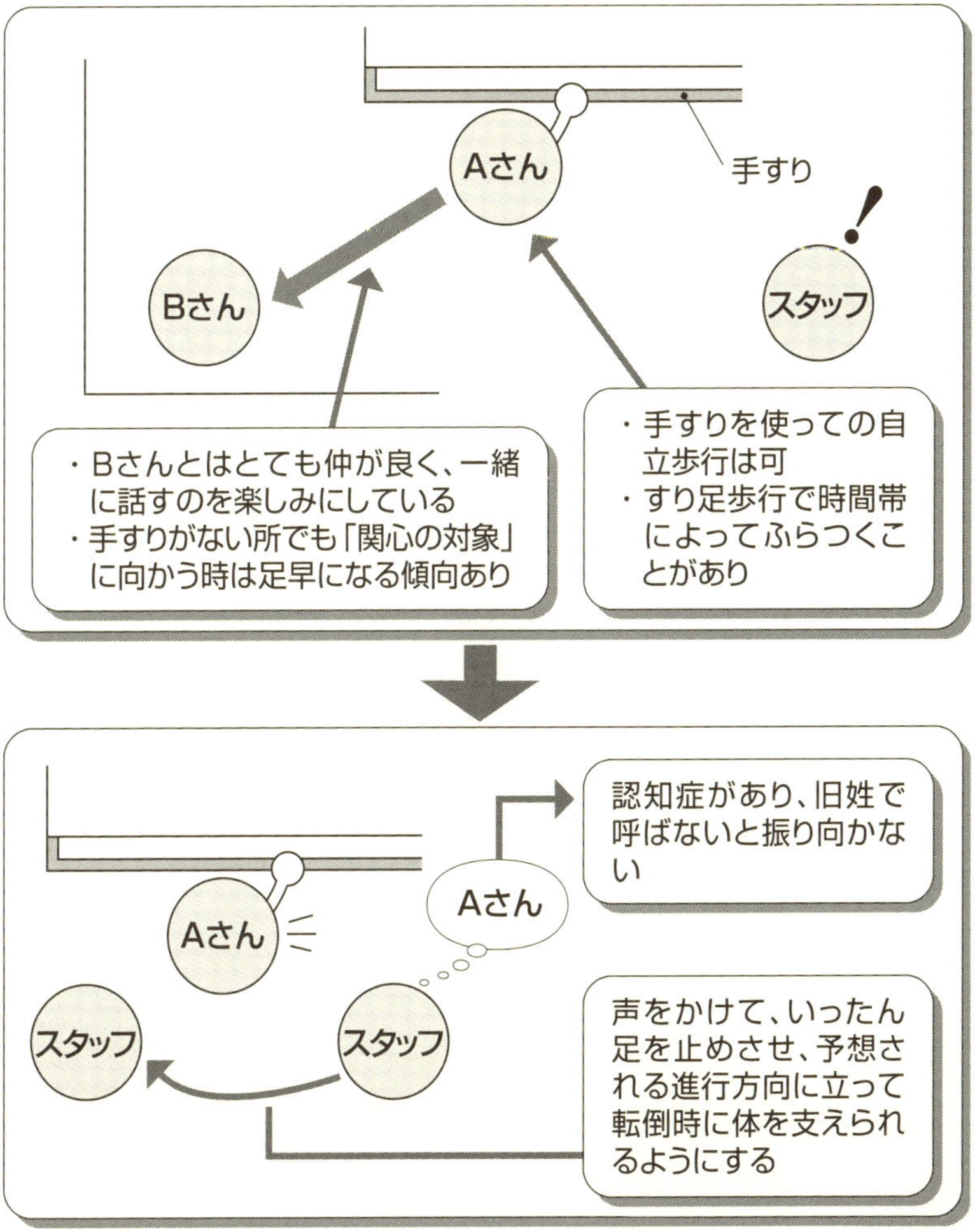
Aさん
手すり
Bさん
スタッフ
・Bさんとはとても仲が良く、一緒に話すのを楽しみにしている
・手すりがない所でも「関心の対象」に向かう時は足早になる傾向あり
・手すりを使っての自立歩行は可
・すり足歩行で時間帯によってふらつくことがあり
Aさん
Aさん
認知症があり、旧姓で呼ばないと振り向かない
スタッフ
スタッフ
声をかけて、いったん足を止めさせ、予想される進行方向に立って転倒時に体を支えられるようにする

14 具体的な事故防止技法②
ADL向上をめざしたケアでの注意点

▼自立を促す介助で気を配りたい2つのポイント△

中長期視点から転倒・転落事故を防ごうとする場合、「本人のADLを維持・向上させる」ことを目的としたリハビリテーションを欠かすことはできません。個別リハビリ計画の作成が進む施設はもちろん、在宅における訪問介護などにおいても、日常の生活動作を介助する中で「ここで足を上げて」「手をついて」という声かけによって自立の動作を促すことができます。

ただし、課題が2つあります。1つは、「本人の〝やろう〟という意欲をいかに引き出すか」ということ。もう1つは、ADLを維持・向上させる過程において、「自分で動こう」とする機会が増え、それが一時的に転倒などのリスクを高める可能性があることです。

前者については、すでに述べたように「なぜそれをするのか」という動機づけが求められます。例えば、「外を散歩する機会を増やしたい」とか「人の手を借りずにトイレに行きたい」などいろいろな〝動機〟が考えられますが、重要なのは「本人リスクの把握」の項で述べた、その人の生活観や生活の意向をくみ取る作業を十分に活かすということです。

後者については、変動するリスクをその都度評価する仕組みが重要になります。例えば、リハビリを意識した介助を行った場合、それを日々専用シートに記録し、現場の管理者が「どんなリスクが高まっているか」を随時スタッフに指示するといった流れを考えたいものです。

ADL（日常生活動作）向上をめざしたケアの過程でリスクの変動をどう考えるか？

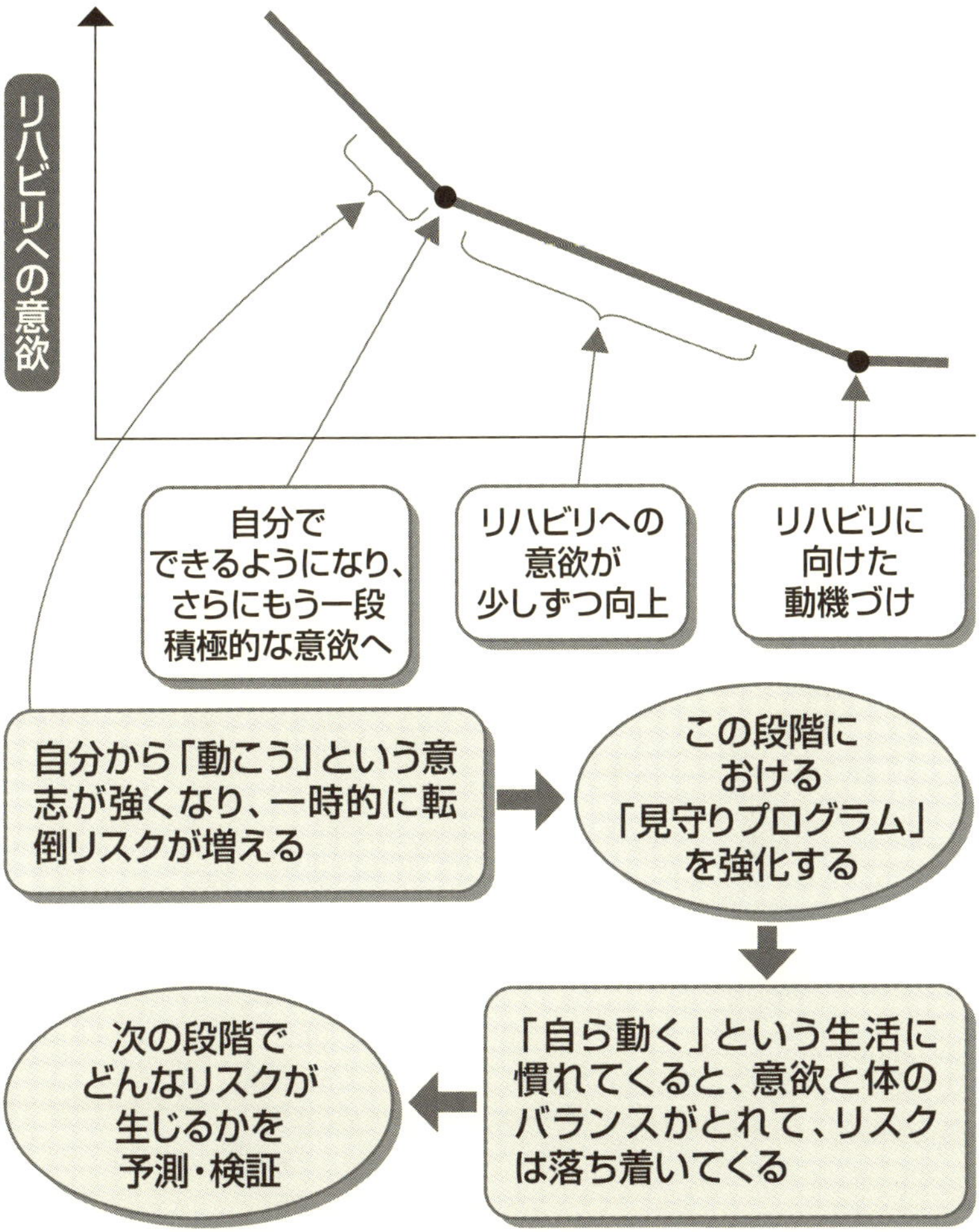
リハビリへの意欲
自分でできるようになり、さらにもう一段積極的な意欲へ
リハビリへの意欲が少しずつ向上
リハビリに向けた動機づけ
自分から「動こう」という意志が強くなり、一時的に転倒リスクが増える
この段階における「見守りプログラム」を強化する
「自ら動く」という生活に慣れてくると、意欲と体のバランスがとれて、リスクは落ち着いてくる
次の段階でどんなリスクが生じるかを予測・検証

15 具体的な事故防止技法③ 認知症高齢者の周辺症状にどう対応するか？

▼その人に合った方法を探し出すには「試行→評価→誰もが実践できる方法」を繰り返す△

転倒・転落事故を防ぐうえで、現場スタッフを特に悩ますのが、認知症の高齢者による徘徊や衝動的な動きにどう対応するかということでしょう。この章で述べた本人リスクの把握や、認知症特有の周辺症状のあり方（夕暮れ症候群※など）を頭に入れることが大前提とはいえ、「具体的にどうすれば周辺症状が緩和できるか」は、どの現場でも試行錯誤が続いています。

例えば、職員が持ってきた現代音楽のＣＤをかけたり、赤ちゃんを模した人形を渡したところ、いつも歩き回っていた利用者がソファで落ち着いて座っていたなどという具合に、事前のアセスメントからでは推し量れなかった方法が〝効果〟を見せることもあります。

つまり、現場スタッフがあれこれと試す中で効果的な方法が見つかれば、それを随時アセスメントに加え、さらに「試行→評価」を繰り返しつつ、「誰もが実践できる方法」へと整えていく流れが求められるということです（ただし、それを〝誰が・いつ〟やるかによっても効果が変わってくることもあるので、検証に際しては深い洞察力が必要です）。

試す行為のヒントをあげれば、音楽、小道具のほか、視覚に訴える色、嗅覚に訴える香り（アロマテラピーなど）、ぬいぐるみを触った時の感触など、人間の五感を総動員する中でよりよい方法が見えてくることもあります。このあたりはスタッフの想像力が問われてきます。

※夕方ごろそわそわと落ち着かなくなる行動。

壁紙の色
(視覚)
音楽
(聴覚)
動物の
毛並
(触覚)
花の香り
(嗅覚)
どんな要素で
落ちつくのかな?

コラム 介護現場でいま何が起ころうとしているか？

介護現場における根強い虐待リスクの存在

高齢者虐待防止法が施行されてから、毎年「高齢者虐待についての対応状況」の全国的な調査が行なわれています。

虐待というと、本人への親族等によるものが一般的には想定されますが、実は「養介護施設従事者等」（現場における介護サービス提供者）による虐待についても、年間の相談・通報件数は４００件超にのぼっています。

平成 21 年度の調査を見ると、自治体調査によって虐待と判断された件数は６分の１程度にとどまりますが、現場としては「相談・通報」の件数が多いことの意味を掘り下げることが必要でしょう。

相談・通報者の内訳をみると、その施設等で働く職員が 30.1%、家族・親族は 25.7%となっており、いわば「内部告発」的に相談・通報に至っているケースが目立つことになります。

現場に接している人が相談・通報しているという点から考えれば、結果的に虐待と判断されていないケースであっても、「疑われるような状況を間近に見ている」という可能性が高いわけです。つまり、虐待というはっきりした事象は確認されなくても、傍から見て「利用者の尊厳を損なっているのではないか」と思われる光景が生じている疑いもあるわけです。

その点を考えれば、仮に「虐待と判断されなかった」としても、そこには「将来的に虐待に発展しかねない」リスクが存在していると考えなければなりません。つまり、介護現場においては、職員の中に虐待につながりかねない言動や心理が潜んでいることを、管理者は注視すべきといえます。

親族等による虐待の場合、その背景として介護ストレスの存在などがよく指摘されます。その背景と同じ要素、つまり職員側のストレスが大きなリスクになりつつあるという視点を欠かしてはならないわけです。

第4章

命にもかかわる「誤《ご》嚥《えん》事故」を防ぐケアのポイント

1 「誤《ご》嚥《えん》事故」とは何か、どんな点にリスクがあるのか？

▼チームケアを基本とした専門職との連携が欠かせない△

介護現場における事故として、転倒・転落以上に危険なのが「誤嚥事故」です。

これは、食べ物や飲み物などが気管に回ってしまい、それがもとで肺炎などを引き起こすというもので、最悪の場合は、肺炎から死にいたることもあります。

主な原因としては、「ものを反射的に飲み込む能力」つまり嚥《えん》下《げ》反射が衰えることによって起こりますが、介護職として頭が痛いのは、結果として発生する肺炎と「飲み込みがうまく行かなかった」こととの因果関係が把握しづらいケースがあることです。

先に「食べ物や飲み物が気管に回る」と述べましたが、口の中に食べ物のかすが残り、それがだ液とともに肺へ回ってしまうという危険もあります。そうなると日常的にリスクが存在していることになり、食事の形状に気を配ったり、食事時の本人の様子を観察するだけでは十分に防ぐことができません。一定時間ごとにしっかりと口腔《こうくう》ケアを行ったり、食事時以外でも本人の様子に何かおかしな点はないかなどに気を配らなければならないわけです。

この点を考えると、一人のケアワーカーやホームヘルパーによる力量だけでは、誤嚥事故を完全に防ぐことはできません。やはり、**チームケアを基本**とし、看護師や栄養士、あるいは言語聴覚士（ＳＴ）等の専門職との連携をしっかり図ることが必要になります。

「誤嚥事故」には様々なパターンがある

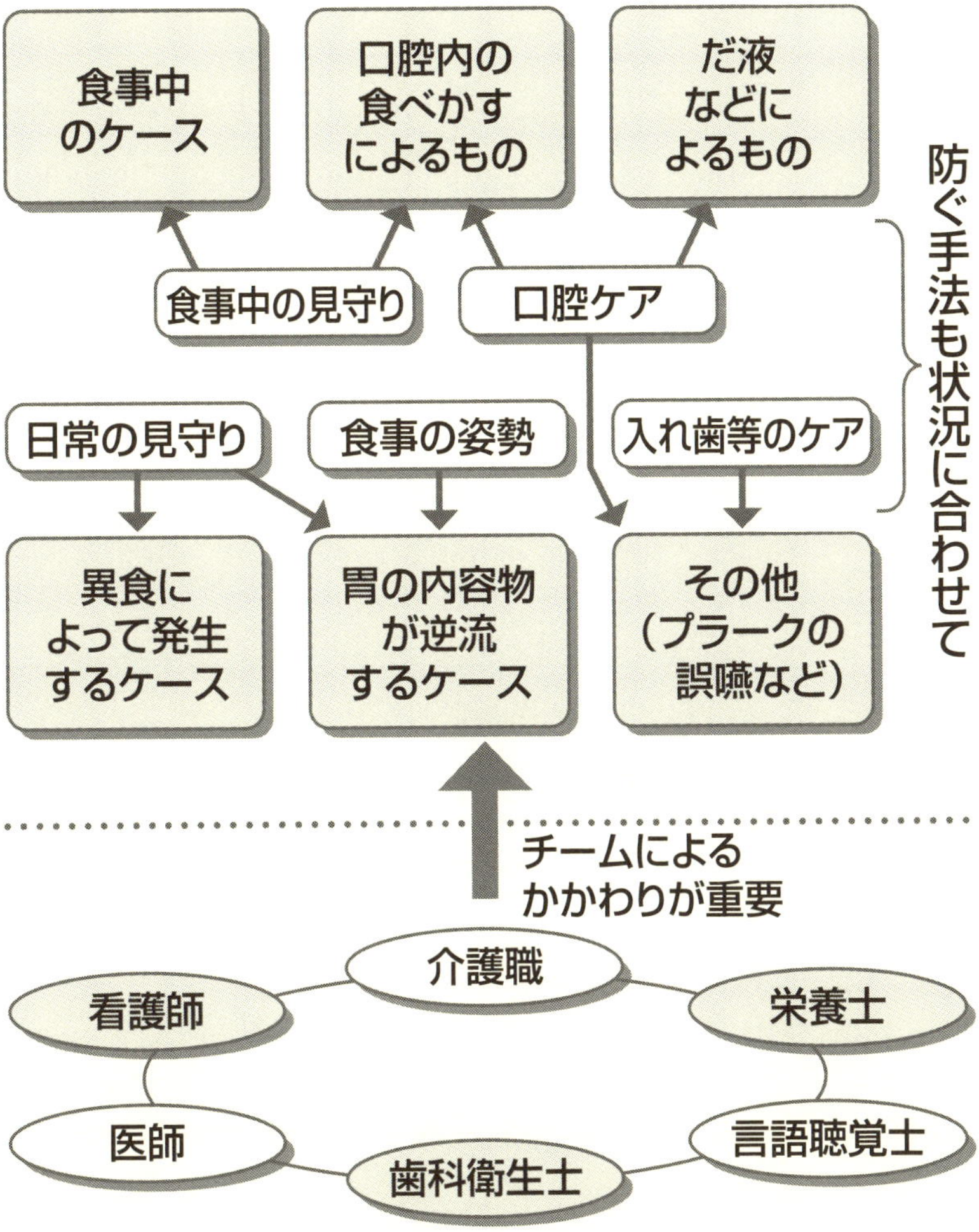
食事中のケース
口腔内の食べかすによるもの
だ液などによるもの
食事中の見守り
口腔ケア
日常の見守り
食事の姿勢
入れ歯等のケア
異食によって発生するケース
胃の内容物が逆流するケース
その他（プラークの誤嚥など）
防ぐ手法も状況に合わせて
チームによるかかわりが重要
介護職
看護師
栄養士
医師
言語聴覚士
歯科衛生士

2 本人の心と身体のリスクについて、まず情報共有を図ろう

▼どういうとき「嚥下反射」が鈍くなるのかを頭に入れておく△

事故防止の3原則に沿って、誤嚥《ごえん》事故にかかる「本人リスク」にまず注目しましょう。

人が食べ物や飲み物を飲み込む際には、気管や肺に回らないように、気道の入口を防御して食道に食べ物・飲み物を送り込もうとする「嚥下《えんげ》反射」が行われます。この「嚥下反射」が年齢とともに衰えるかどうかは人によって差が大きい点はありますが、少なくとも脳血管障害などによるマヒがあったりする場合には、確実にリスクは高くなります。

また、認知症などによって「食事をとる」ということに対する認知がしにくくなっている、あるいは本人に〝うつ〟などの状態がある場合、「食べる」ことに対する集中力が衰えます。その結果、誤嚥しやすい状況が生まれるということもあります。さらに、服薬などの状況によっても、「嚥下反射」が鈍くなることもあり、この点も頭に入れておくべきでしょう。

こうした心や身体の状況については、専門職による事前のアセスメントが基本となりますが、大切なのは、現場の介護職がそれを理解し、**情報の共有**を図ることです。介護職にとっては、「嚥下反射」と言われてもピンと来ないケースも多いと思われるので、例えば「嚥下とは何か」というテーマに絞って専門職を招いての勉強会を開きたいものです。時には、嚥下の瞬間をエコーやレントゲンで撮影した画像を目にしたりして、実感を持っておくことも必要です。

「誤嚥事故」防止のために介護職が身につけたい知識

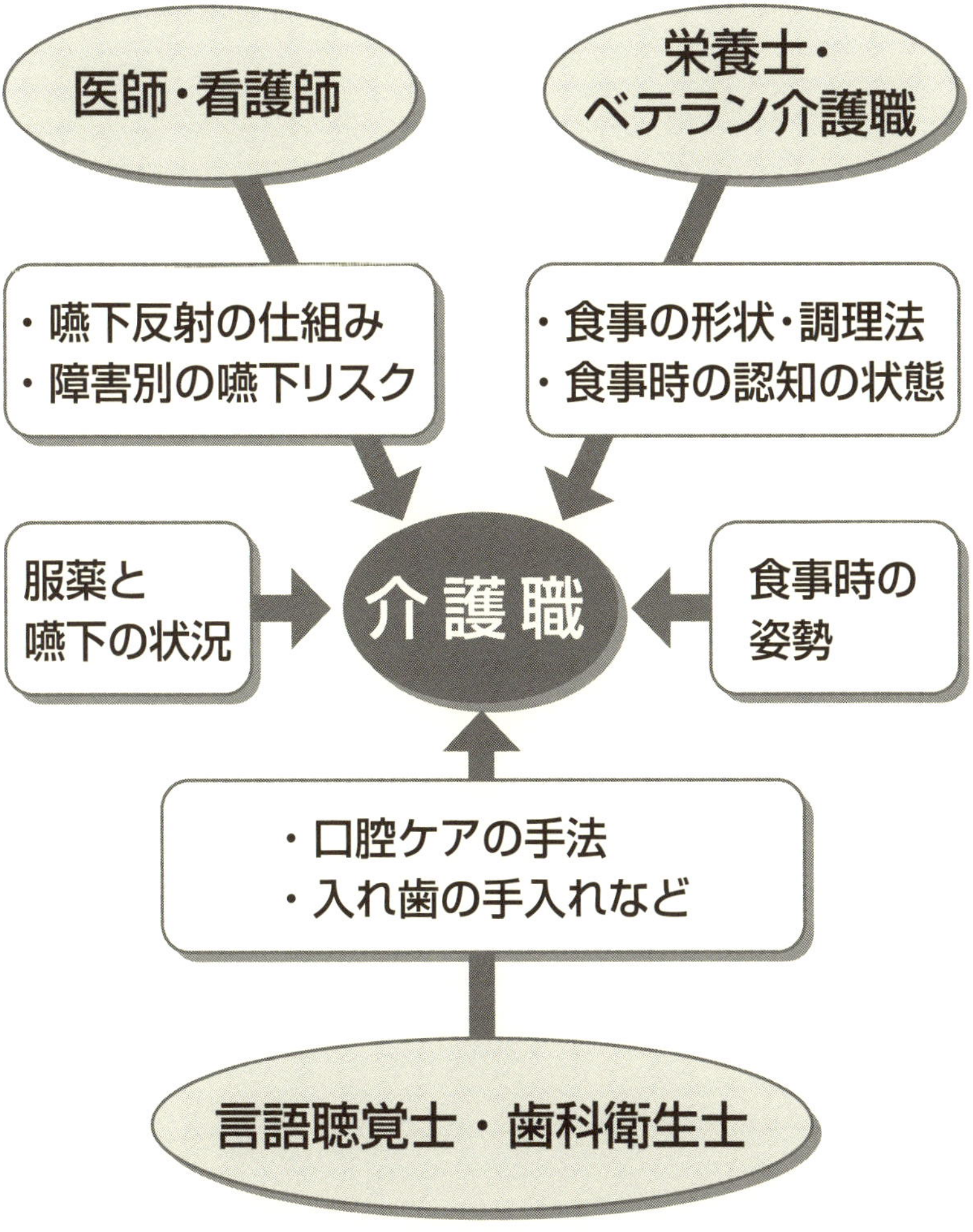
医師・看護師
栄養士・
ベテラン介護職
・嚥下反射の仕組み
・障害別の嚥下リスク
・食事の形状・調理法
・食事時の認知の状態
服薬と
嚥下の状況
介護職
食事時の
姿勢
・口腔ケアの手法
・入れ歯の手入れなど
言語聴覚士・歯科衛生士

3 介護職の「気づき」が事故を未然に防ぐこともある

▼「緊急事態」に気づくためにはスタッフの仕事の基本としての予備知識が必要△

心と身体のリスクについては、専門職による事前アセスメントだけでは十分に把握できないケースもあります。例えば、血栓性脳梗塞などは症状がゆっくりと進むこともあり、脳血管障害に関する既往歴がない場合は、その確認が遅くなってしまうことも起こり得ます。

特に、四六時中専門職が身近にいる施設ならともかく、在宅で訪問介護しか受けていないようなケースでは、嚥下《えんげ》反射に支障が起こっていたとしても誰もそれに気づかないまま食事をとってしまいます。その結果、誤嚥《ごえん》性肺炎を引き起こすリスクが高まるわけです。

ここで重要な役割を果たすのは、身近で接することの多いホームヘルパーです（普段、看護師などが身近にいないグループホームなどの介護職についても同様）。日常的に本人と接している中で、例えば急に「ろれつ」が回らなくなったり、わけもなくボーッとしたりする状況が見られた場合は、すぐに事業所の管理者や家族、主治医にそのことを報告します。

利用者の日々の表情や言動などについては、業務日誌やケース記録などに記すことが多いと思われますが、「その様子が緊急事態を示すもの」という認識がないと、専門職に報告する前に食事をとってしまったなどというケースが起こりかねません。そうしたこと（血栓性脳梗塞など）もあるのだ、という知識を備えているかどうかが、大きな分かれ目となるわけです。

介護職は「本人の変化」をどのようにキャッチすべきか？

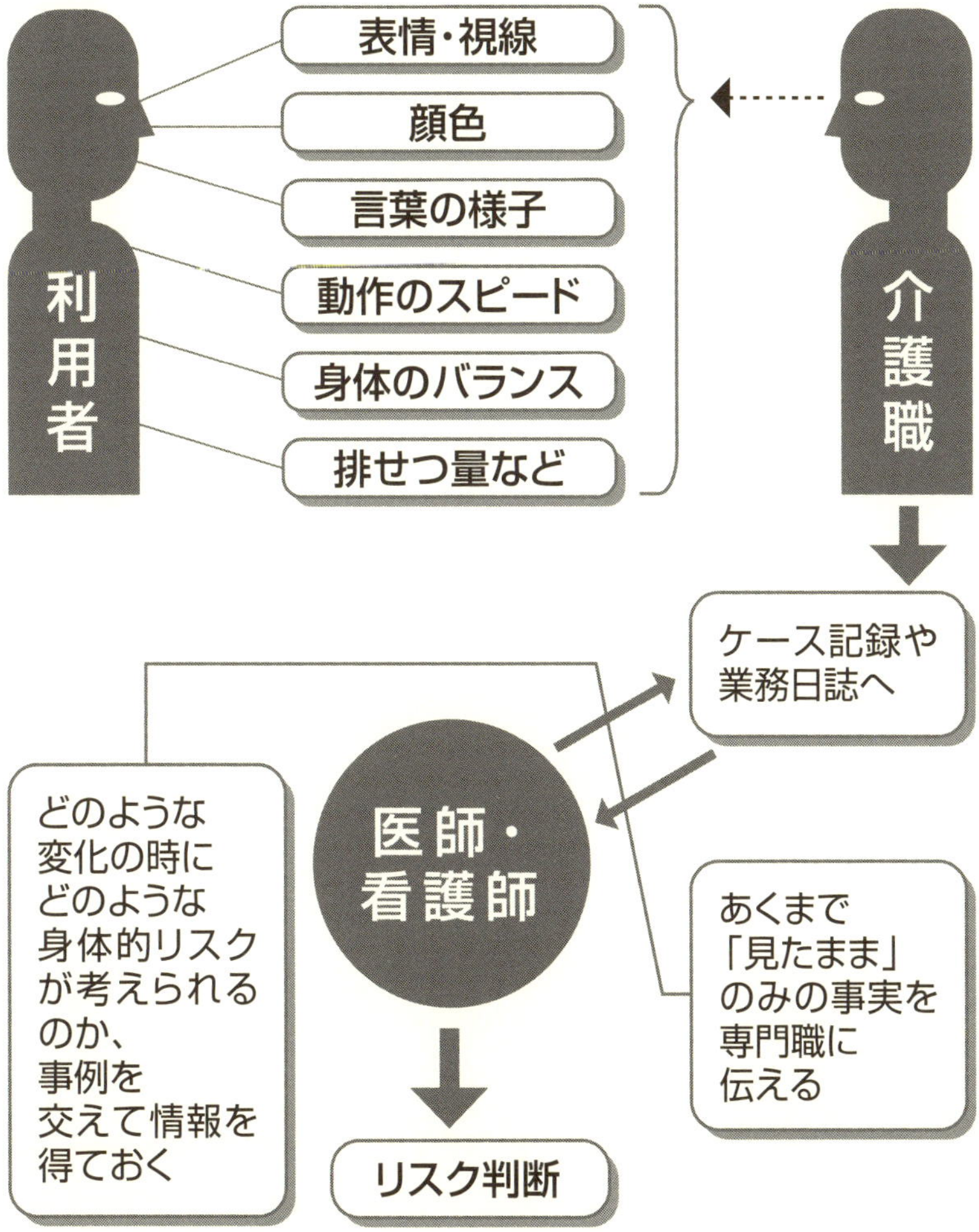
利用者
表情・視線
顔色
言葉の様子
動作のスピード
身体のバランス
排せつ量など
介護職
ケース記録や業務日誌へ
医師・看護師
どのような変化の時にどのような身体的リスクが考えられるのか、事例を交えて情報を得ておく
あくまで「見たまま」のみの事実を専門職に伝える
リスク判断

4 その人の「生活」を知って誤嚥事故を防ごう

▼「食べる習慣に合わせること」を意識する△

誤嚥事故に関する「本人リスク」においても「生活」という視点を欠かすことはできません。例えば、ゆっくり食べる習慣が身についている人の方が、かきこむように食べる習慣がある人よりも誤嚥のリスクは少なくなります。仮に「かきこみ」型の人の食習慣が事前に分かっていれば、食事時の見守りに際して「こちらの煮物もおいしいですよ」といった声かけをしたり、お茶をすすめるなど、箸休めの機会を意識的に設けることができます。

また、食べた後にすぐ横になる習慣のある人がいるとします。食べ物が完全に胃へと送り込まれていない状態で横になると、身体の機能が衰えている人の場合、食べ物が逆流して、それが気管に回ってしまうというリスクが高くなります。

この点を事前にしっかり考慮しておけば、食後にできるだけ起きていてもらうために、意識的に会話をしたり、口腔ケアに時間をかけるなどのケアが考えられるでしょう。

その際、どのような声かけが必要になるのか、あるいは、起きていてもらうためには本人にとって関心のあるテーマで会話をつないだりする必要がありますが、それはどのようなことなのか、という点を知ることも大切になってきます。つまり、ここでも、その人の趣味趣向や生活観などをしっかり把握することが、事故リスクを減らすカギとなるわけです。

「かき込む」クセのある人に…
ひと休みして
お茶でも…
この煮物も
おいしいですよ
食べた後 すぐに横になりたがる人にー
テレビでも
つけましょうか
今日の
味つけは
いかがでしたか?

5 誤嚥事故を防ぐケアのポイント①
食事をとる際の姿勢

▼人間の気道と食事の仕組みを頭に入れる△

誤嚥《ごえん》事故を防ぐ場合、欠かせないポイントとしてあげられるのが、「食事をとる際の姿勢」「食事の形態」「習慣的な口腔ケア」という3点です。この3点はケアを手がける側の意識と技能のレベルが問われるという点で「介護する側のリスク」として量ることができるでしょう。

まず、前者の「食事をとる際の姿勢」についてですが、人間の気道と食道の仕組みが頭に入っていれば、どういう状態が危険なのかはすぐに分かります。

先に触れたレントゲン写真などを見ると、上半身が反り返った状態というのは、気道（空気を肺に送り込むための道）が開きやすく、食べ物を飲み込んだときに誤って気道に入ってしまう危険が高くなります。では、現実はどうかというと、背筋や腹筋が弱っている人は背もたれに頼る力が強くなるため、「上半身が反り返ってしまう」ケースは多々見られます。

つまり、介護する側が十分に気を配っていないと、知らず知らずのうちに誤嚥しやすい体勢になってしまうことがあるわけです。これを防ぐには、いくつかの手順が必要です。

食卓の椅子に座ったなら、①後ろから本人の脇の下に手を入れて引き上げ深く座ってもらう、②身体がまっすぐにならない場合は脇のあたりにクッションをはさむ、③首から上が反り返らないようにヘッドレストなどを取り付ける、という具合になります。

なかなか真っすぐに座れない場合
①後ろから手を入れて引き上げる
②椅子と脇の間にクッションをはさむ
③ヘッドレストをつける

6 誤嚥事故を防ぐケアのポイント②
食事の形状【その1】

▼流動食の注意点、一番やっかいな点とは何？△

誤嚥《ごえん》事故を防ぐために配慮したい「食事の形態」といえば、ミキサー食などを頭に浮かべる人が多いでしょう。ただし、ミキサー食には注意したい点がいくつかあります。

誤嚥リスクの高い人にミキサー食を提供する理由としては、流動性が高いので「飲み込みがしやすい」ということがよく言われます。しかしながら、誤嚥事故のリスクを頭に入れた場合、大切なのは単なる流動性の高さではなく、「粒状になった食べ物が口の中に残らない」という点です。食べ物が粒状だと歯茎とほおの間などに残りやすく、それがだ液などとともに、知らぬ間に気道に回ってしまうことがあります。実は、これが一番危険なのです。

何でもかんでもミキサー食という光景が見られますが、ただ習慣的に行うというだけでは、食材によって「粒状として残りやすい」ものが生まれてしまいます。本人の嚥下状況にもよりますが、粒状で残りやすいものは、ミキサーに頼るだけでなく片栗粉などでとろみをつけるなど、口の中に残りにくい形態を考えることが必要でしょう。

また、形のある食べ物以上に液体を誤嚥するリスクも無視できません（実は、こちらの方が飲み込みにくいケースがあります）。やはり、とろみをつけて飲み込みやすくする食材などが増えているので、栄養士などの専門職と相談しながら上手に取り入れることをおすすめします。

リスクの状況を細かく把握してより精度の高い食事の形状にする

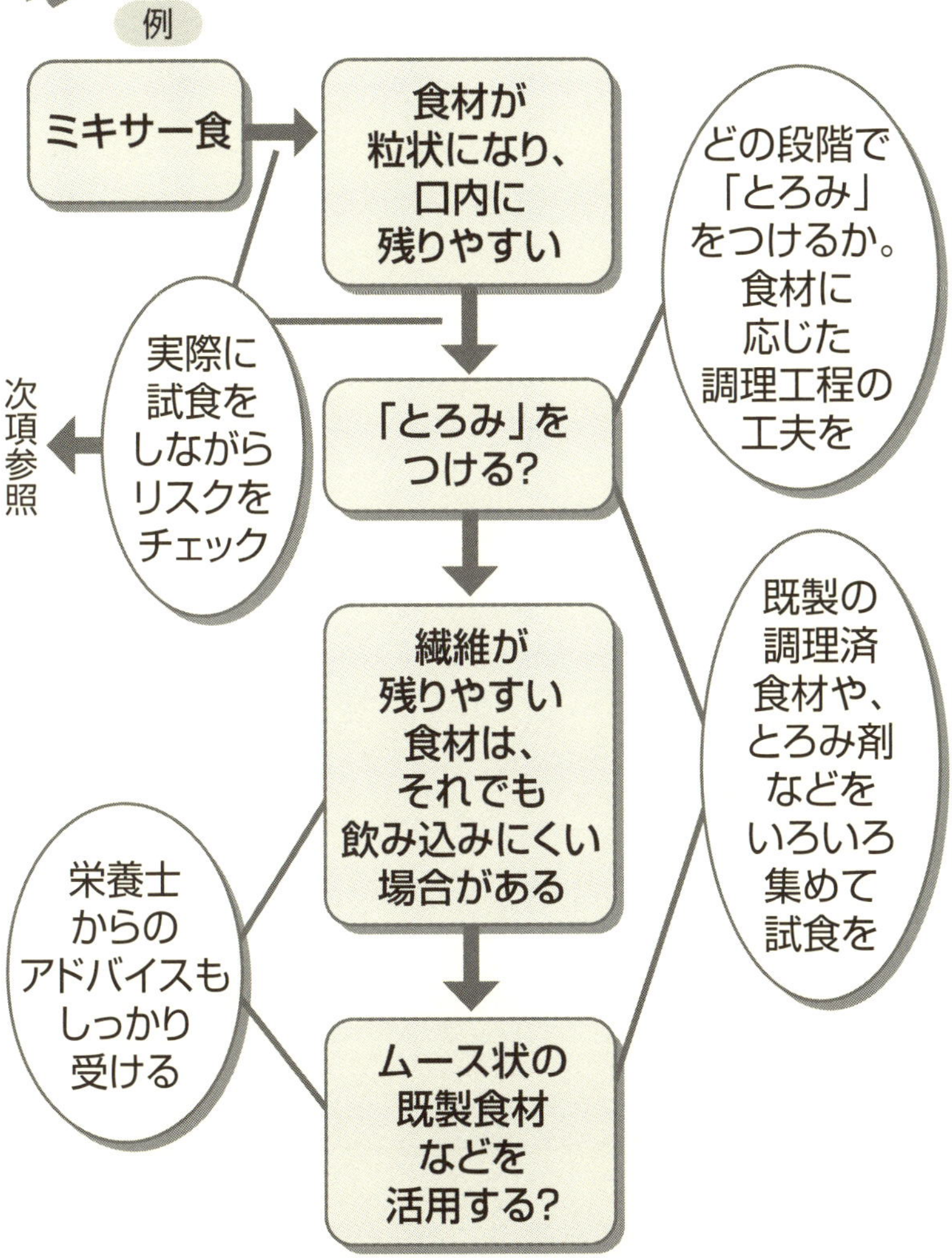
例
ミキサー食
食材が粒状になり、口内に残りやすい
「とろみ」をつける?
繊維が残りやすい食材は、それでも飲み込みにくい場合がある
ムース状の既製食材などを活用する?
実際に試食をしながらリスクをチェック
次項参照
どの段階で「とろみ」をつけるか。食材に応じた調理工程の工夫を
既製の調理済食材や、とろみ剤などをいろいろ集めて試食を
栄養士からのアドバイスもしっかり受ける

7 誤嚥事故を防ぐケアのポイント③ 食事の形状【その2】

▼「どうすれば食欲がわくのか」という視点での工夫が必要△

食事の形状を考える際に、注意したいのは「飲み込みをしやすくする」という機能面だけに目を向けてしまうと、別の視点で問題が出てくるということです。

中でもよく議論されるのが、「ミキサー食などで食欲がわくのか」という点でしょう。介護現場で働く人であれば、定期的にミキサー食などを実際に自分で食べてみることが基本です（できれば一日三食食べてみることをおすすめします。一度きりでは「その時だけがまんすればいい」という感覚が先に立つので、利用者の身になることはなかなか難しいでしょう）。

もし、自分で「食欲がわかない」ようなものを利用者に食べてもらっているとするなら、それは「食事量の低下」や、そこから発生する「低栄養」というリスクを無視していることになります（「低栄養」は身体の内部の健康だけでなく、貧血による〝ふらつき〟や褥《じょく》そうの発生など、新たな事故・トラブルを呼び起こすリスクになることを忘れずに）。

そこで考えたいのは、「**自分だったらどうすれば食欲がわくのか**」ということです。色や器使い、あるいは「ミキサーにかける前に食材の形を見せる」といった視覚的な工夫なのか、それとも香りなのか、あるいは口当たりといった食感の問題なのか。こうした自分なりの感覚に、本人の生活歴・生活観をプラスさせて、現場でよく話し合ってみてください。

「食事の形状」を考える際の試食について

1 試食会は3ヶ月に1回行なう
→ 各季節によって食感の変化を体験

2 10人程度の小グループに分けて行なう
→ 少人数のほうが意見を言いやすいため

3 できれば1日3食を3日間
→ 利用者の食習慣により近づくため

4 各自に器や盛り付けを工夫させる
→ 食欲増進の工夫を同時に考えさせる

5 全員の「摂取量」を数値で量る
→ 食欲データをより客観化するため

6 試食終了後にミーティング&アンケート
→ 現場の実践に活かす材料とする

8 誤嚥事故を防ぐケアのポイント④ 口腔ケアについて

▼なぜ必要なのか、口腔ケアを徹底しないがために起こるリスクを考えよう△

誤嚥《ごえん》事故を防ぐための3つめのポイントが、口腔《こうくう》ケアの徹底です。

ここ数年、口腔ケアがいかに大切であるかは、高齢者介護の現場でもかなり浸透しており、口腔ケアに関する介護グッズもいろいろなものが見られるようになりました。しかしながら、それが徹底されているかというと、現場によってバラつきも見られます。

口腔ケアというと「食後の歯みがき」を思い浮かべる人も多いでしょうが、「食べ物のかすを取り除く」だけが目的ではありません。例えば、経管栄養によって口から食べ物を摂らない人であっても、口の中には様々な雑菌がひそんでいます。本人の吐いたタンなどが、乾いてこびりついていることもあるでしょう。それらが、だ液とともにほんの少しでも気道に入ってしまうと、それが誤嚥性肺炎を引き起こす大きなリスクとなります。

この点を頭に入れれば、本当は毎食後のほか、起床後と就寝前にも行うことが理想です。特に起床後というのは、人によって口の中が極度に乾いている場合があります。こうした口内環境というのは、歯周病菌などの雑菌が繁殖しやすくなります。

本人のアセスメントを取る場合には、口内環境がどうなのか（乾きやすいかどうかの他、歯周病・虫歯などの有無、食べ物のかすが残りやすいかどうか、など）もチェックしましょう。

口腔ケアに用いるグッズと実施タイミング

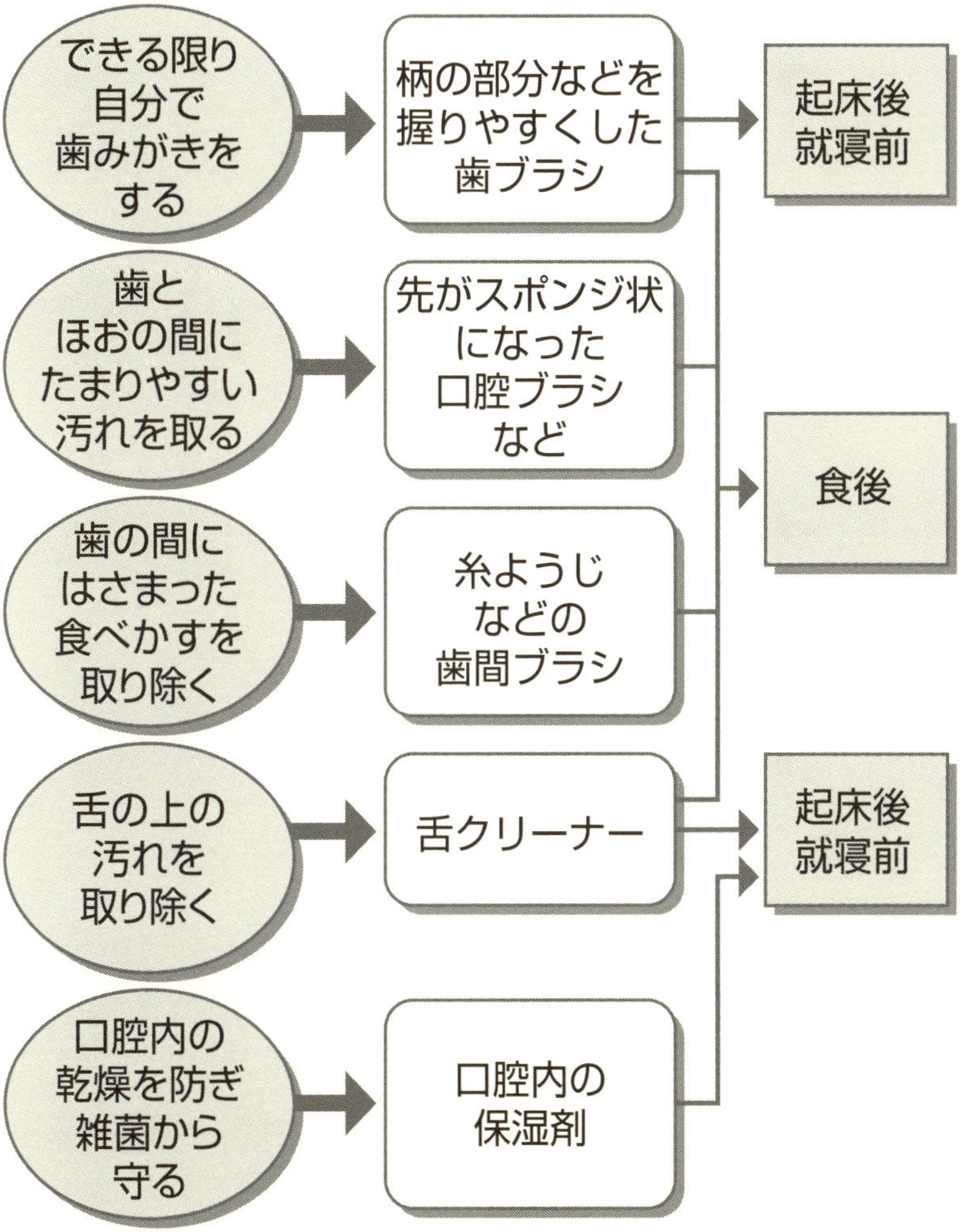
できる限り自分で歯みがきをする
柄の部分などを握りやすくした歯ブラシ
起床後就寝前
歯とほおの間にたまりやすい汚れを取る
先がスポンジ状になった口腔ブラシなど
食後
歯の間にはさまった食べかすを取り除く
糸ようじなどの歯間ブラシ
舌の上の汚れを取り除く
舌クリーナー
起床後就寝前
口腔内の乾燥を防ぎ雑菌から守る
口腔内の保湿剤

9 誤嚥事故を防ぐケアのポイント⑤
環境によって変化するリスクも知ろう

▼気が散る→集中できない――ここに誤嚥を起こすリスクが生じる△

誤嚥《ごえん》事故を防ぐうえでは、食事をする際の「環境」にも注意を払う必要があります。

例えば、自分が食事をする場面を思い浮かべてみましょう。「気が散ってどうも食べづらい」と感じるのはどんなときでしょうか。「食べているところを相手にじっと見られている」とき、「食事中に誰かが大声で騒いでいる」とき――など、いろいろ考えられると思います。

実は、この「気が散る」という状況は、要介護者にとっては「食べることに集中を欠く」ことで誤嚥を起こすリスクが高くなる瞬間でもあります。

このことを頭に入れれば、本人が食事をしている間、どんなことに気を配ればいいかが見えてくるはずです。「じっと見られる」のが集中を欠くのであれば、相手が見られていることを意識しなくて済むポジション――つまり、真正面に座るのを避けることが必要です。

また、「周囲が騒がしい」ことが集中を欠くのであれば、食事時はできるだけ静かな雰囲気で（テレビなどもできれば消して）食べてもらうという配慮も求められるでしょう。

もちろん、こうした環境の中には、時間や場所などによっては状況が変わることもあります。例えば、「たまには外食を」と思って出かけた場所が、環境面で問題があるケースも起こり得ます。スタッフとしては、**事前に下見をするなどして、リスクの大小を量ることが必要です。**

こんな時は
集中して
食べにくい
周囲が
騒がしい
こら！
まちなさい!!
バタバタ
正面から
見られている
気が散る

10 注意！認知症特有の「誤嚥《ごえん》リスク」というものもある

▼異食に関するリスクの基本＆食事の際にも考えられるリスクとは何？△

認知症がある人の場合、誤嚥事故を防ぐうえで特に注意したいポイントが2つあります。

一つは、食べ物以外のものを口に入れてしまう、つまり**異食に関するリスク**です。

異食自体を防ぐには、口に入れてしまいそうなものを周囲に置かないなどが基本となりますが、それでも完全に防ぎ得るとは限りません。その際、誤嚥事故という点で問題になるのは、ティッシュペーパーなどを口に入れてしまった場合、スタッフが気づいて吐き出させたとしても、ペーパーの〝かす〟が口の中に残っていることがあるということです。

本人が「ティッシュペーパーを口に入れてしまった」ことを覚えていなかったりすると、残った〝かす〟をうっかり誤嚥してしまうことも起こり得ます。この点を頭に入れれば、異食行為があった後は必ず口の中をよく調べ、丹念に口腔ケアをほどこすなどの配慮が必要です。

もう一つは、食事時でも同様のリスクが発生しがちだということです。

例えば、細かく切った食べ物などを口に入れた場合、本人の中で「いま口の中に食べ物が入っている」という認知がなされず、そのまま息を吸おうとして一緒に吸い込んでしまうなどといった事故が起こっています。認知症の人が食事をする間は目を離さず、口を動かしていない間は、時々口を開けてもらって食べ物が残っていないか確認することも必要です。

認知症がある人の「誤嚥リスク」

1 異食行為があった場合

- 食事時間外なので、スタッフの対応が遅れがち
- 口内に残りやすいものであるケースも

対策

- 本人の異食リスクを把握する
- 異食しがちなものを近くに置かない
- 朝晩含めた口腔ケアの徹底

2 食事中の認知低下がある場合

- 「口の中に食べものが残っている」という認知がなされない
- 昼夜逆転がある場合の意識の低下

対策

- 口を動かしていない間、時々口内をチェック
- 食べていることを意識させる声かけ
- 意識が覚醒していることを確認
- 食事前に口腔ケアを行なうなどの刺激も

11 思いがけない事故につながる食事中のちょっとした変化に注意

▼異変に気づくポイント、とっさの応急処置、上司・医師への連絡△

普段、食べ物などの飲み込みに問題がない人でも、ふとしたはずみで誤嚥《ごえん》事故を起こすこともあります。どんなにリスクが少ないと思われる人でも、高齢であるがゆえに嚥下《えんげ》能力が弱まっているケースがあるからです。もちろん、プロであるならば、こうした「思いがけない事態」に対応できるという技能を備えていなければなりません。

もっとも注意したいのは、**食事中のちょっとした変化**です。例えば、急に声の調子が変わったり、表情や顔色が変わるなどというケースでは、食べたものが喉に詰まったり、気道に回りかけているということも考えられます（高齢で反射神経が鈍っている場合は、若い人のように激しくむせたりしなくても、誤嚥の危険にさらされていることもあります）。

事故事例でよく見られるのは、「ガラガラ声になる」というケースです。この場合、まず空のスプーンなどを口の中に入れ、だ液を出させたうえで飲み込んでもらうようにします。さらに、何度か「せき払い」してもらうように促しましょう。認知症がある人の場合は、介護者側がやや大げさに「せき払い」をして、相手に真似をしてもらうようにします。

それでも声が正常に出ない場合は、入れ歯などを外し、大きく口を開けてもらいます。そのうえでガーゼをまいた指などを入れてかき出し、すぐに上司や医師などに連絡しましょう。

「食べものを詰まらせる」などの緊急時対応

兆候をしっかりと観察

1. ちょっとした「むせ」にも注意
2. 表情や顔色に変化はないか
3. 急に無口になったり、ガラガラ声になる

↓

対　応

1. 空のスプーンなどを口に入れ、だ液を出させる
2. 何度か「せき払い」をしてもらう

↓

さらに…

1. 入れ歯などを外し大きく口を開けてもらう
2. ガーゼを巻いた指などでかき出す
3. 横向きに寝かせて、肩甲骨の間を数回たたく
4. すぐに上司などに連絡をする

コラム　介護現場でいま何が起ころうとしているか？

認知症高齢者250万人時代に向けて考えるべきこと

平成22年の段階で、日常生活自立度Ⅱ以上の認知症高齢者は、全国で約208万人にのぼると言われています。65歳以上の人口比率では約7.2%にあたります。いわゆる団塊世代が65歳以上になる平成27年には、認知症高齢者の数はさらに増え、約250万人に達すると予測されています。

すでに人口減少時代にさしかかっているにもかかわらず、認知症高齢者の数がこれだけ増加していくということは、「認知症高齢者のみの世帯」あるいは「身寄りのない認知症高齢者」も増えるわけです。

介護現場としては、介護技能を向上させるということは、イコール「認知症ケアの技術を向上させる」ことにほかなりません。加えて、身寄りのない認知症高齢者が増えるということは、その人の生活歴などを知る手がかりが限られてくるという厳しい状況に置かれるわけです。

アセスメントの手がかりを十分に得られないということになれば、認知症の人の周辺症状を緩和するためにどのようなケアが必要であるかという点について、今後は大きな壁が生じてくることになります。

これをカバーするためには、その人の日常の言動などから、いかに多くの情報を得るかという洞察力が必要になります。また、その人の生きてきた時代について、歴史や文化的背景など、総合的な知識を習得していくことが求められることになるでしょう。若い介護職にとっては、想像もつかないような生活観や価値観を積極的に学ばなければなりません。

もちろん、自分の人生には縁のなかった知識や、接したことのない生活観に対していくためには、周囲の様々なエスコートが必要になります。利用者以外の地域の高齢者と接する機会をもつなど、事業所・施設としてセッティングしていくべき場を考える時期に入っているといえます。

第5章

重大事故へつながる「介護ミス」をなくすポイント

1 様々な問題をはらむ「介護ミス」による事故

▼介護のプロとして「義務と責任」をどう考えるか△

転倒・転落、あるいは誤嚥といった事故のパターンを見ると、介護現場で発生する事故の多くは、一見「利用者が自分で事故を起こした。介護する側に責任はない」という主張が通りがちな傾向があります。事実、裁判にまで持ち込まれた事例でも、介護する側の過失と事故発生の間の因果関係がなかなか明らかにならないという光景も見受けられます。

これは、「介護に携わる者の専門性」というものが、世間一般に対してなかなか認知されて来なかった表れと言っていいでしょう。その一方で、少しずつ時代は変わってきました。家族が主な担い手だった介護を、プロの手に委ねることが当たり前になりつつある中で、「介護職が担うべき義務・責任」のあり方が一般の人の間にも少しずつ浸透しつつあります。

プロとしては、「言い逃れができない」というマイナスのとらえ方をするのではなく、**「自分たちの専門性が認められてきている。だからこそ、それに伴う義務や責任をしっかり果たさなければならない」**と前向きなとらえ方をすべきなのです。

ところが、現実の介護現場では、専門家が見なくても「事故の原因」がはっきりしているような事例、つまり明らかなミスによって発生した事故でさえ、「その事実を隠す」という行為が平然と行われているケースが見られます。実は、こちらも大きな問題なのです。

「介護事故」の世間的なとらえ方が変わってきている

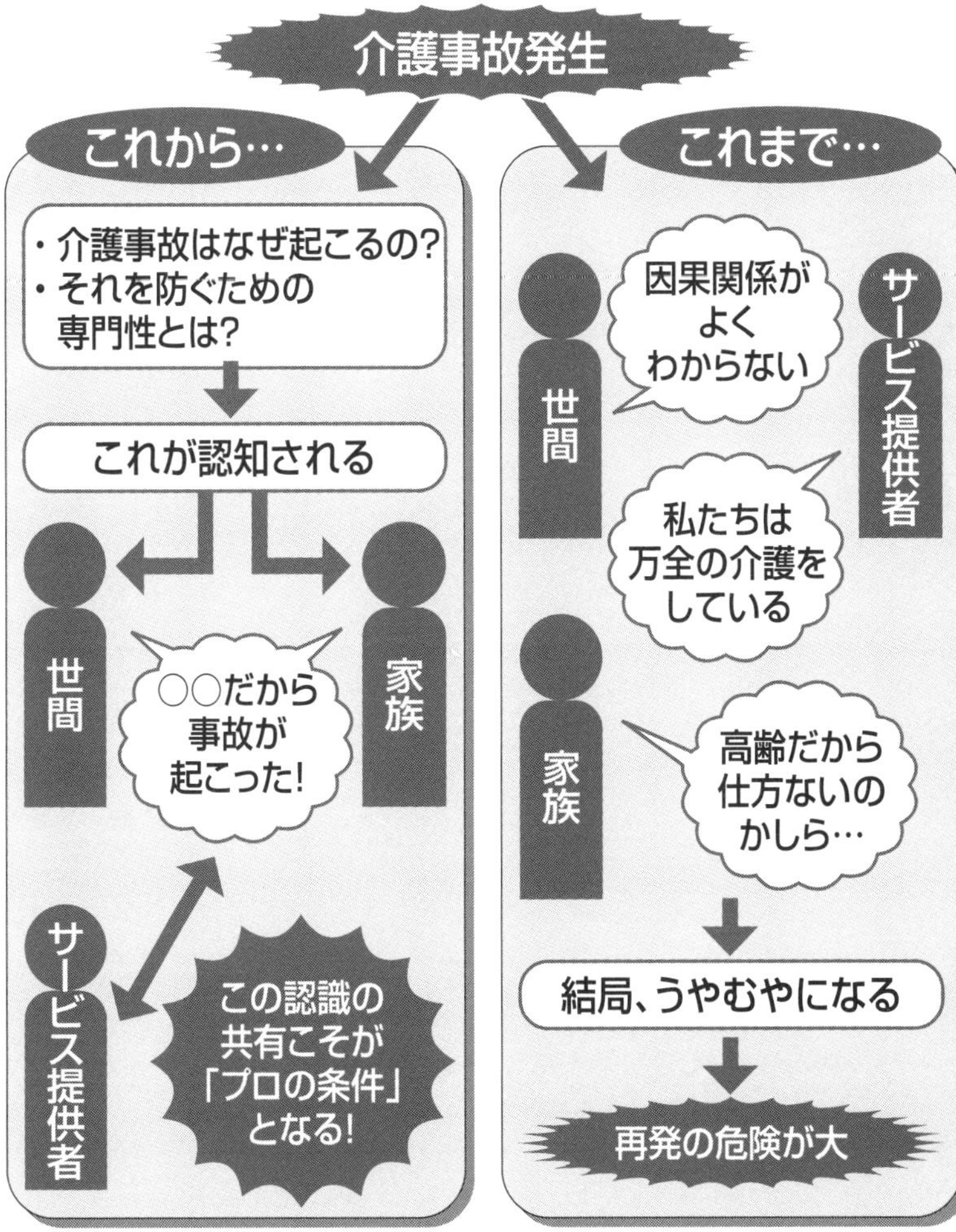
介護事故発生
これから…
・介護事故はなぜ起こるの?
・それを防ぐための専門性とは?
これが認知される
世間
家族
○○だから事故が起こった!
サービス提供者
この認識の共有こそが「プロの条件」となる!
これまで…
世間
因果関係がよくわからない
サービス提供者
私たちは万全の介護をしている
家族
高齢だから仕方ないのかしら…
結局、うやむやになる
再発の危険が大

2 おむつ骨折や表皮剥離《はくり》などの「介護ミス事故」はなぜ起こる？

▼「介護する側のリスク」を十分認識することがリスク管理の基本△

具体的に「介護ミスによる事故」には、どのようなケースがあるのでしょうか。

最も多い事例としては、利用者の身体に触れる介護をする際に、その人の身体に何らかのダメージを負わせてしまうケースです。例えば、介護現場において、よく指摘されている事故に「**おむつ交換骨折**」と言われるケースがあります。これは、利用者のおむつ交換をするために身体を動かそうとして、大腿骨などを骨折させてしまうというものです。

あるいは、移乗《いじょう》や体位交換などを行なうために利用者の身体に触れるという場合、無理な力の入れ方をして利用者の皮膚を傷つけてしまったり（表皮剥離《はくり》など）、内出血を起こしてしまったりするケースなども、現場における事故としては非常に目立つ事例です。

高齢の要介護者であれば、皮膚や骨、血管などがもろくなっていることが多く、その人個人のリスクを量るまでもなく、身体にふれる介助の際は十分に注意することは現場の常識です。つまり、こうした事故の発生は、明らかに介護職側が「ミスをした」ことに他なりません。

にもかかわらず、こうした事故が頻発するということは、介護職側の技能の未熟さ、あるいは集中力が欠けていることを意味します。言い換えれば、３つのリスクのうち、「**介護する側のリスク**」という点が十分に推し量れていないというわけです。

まさか!!?
あいたた…
ボキ!
高齢者の
体位交換は要注意!

3 集中力欠如を防ぐ① まずは「スタッフの動き」を追え

▼スタッフが「集中力」を欠く瞬間とはどのような時かを把握する△

前項で示した事故を防ぐには、現場スタッフが「集中力を欠く」状況を作らないことです。基本は第3章の「スタッフ側のリスク」の部分で述べた通りですが、ここでは、現場において、どんなときに「集中力を欠く」状況が発生しやすいのかを考えてみましょう。

夜勤明けや体調不良の状態などはすでに述べましたが、意外に見落とされがちなのが、職場内の連携や人間関係における問題です。例えば、チーム内で十分な連携が取れていない場合、「他人にはなかなか任せられない→自分がやらなければダメだ」という状況が生まれます。

そうなると、「この人のおむつ交換をやったら、次はあの人のトイレ介助」という具合に、先のことを頭に描きながら目の前の仕事をこなすケースが増えてきます。多くの介護現場で話を聞くと「2つ先」のことまで考えてしまうと、目の前の仕事の手際が急に悪くなったり、ちょっとしたミスを犯すケースが増えてくるといいます。

この点を考慮すれば、どんな時間帯のどんなケースで「複数の仕事に追われる」状況が出てくるのかをまず調べ、その部分でシフトを調整したり、チーム連携の強化を図る仕組みをとる必要があります。具体的には、まず業務時間内のスタッフの行動を5～10分ごとのタイムスタディで調査を行い、それをデータ化する作業が求められます。

現場スタッフの「業務の流れ」をチェックしてみよう

例. スタッフAの1時間の業務

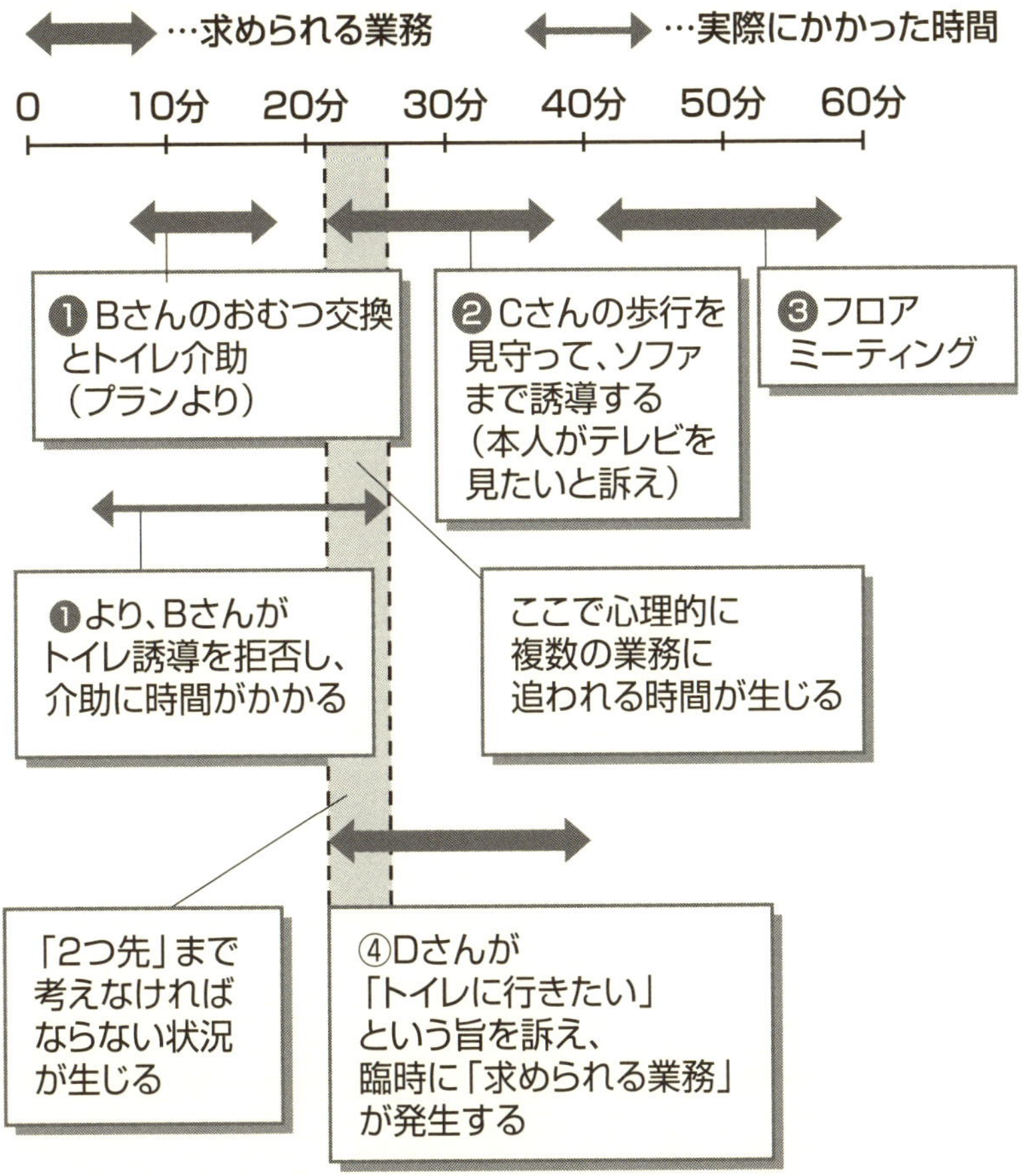
…求められる業務
…実際にかかった時間
0
10分
20分
30分
40分
50分
60分
❶Bさんのおむつ交換とトイレ介助（プランより）
❷Cさんの歩行を見守って、ソファまで誘導する（本人がテレビを見たいと訴え）
❸フロアミーティング
❶より、Bさんがトイレ誘導を拒否し、介助に時間がかかる
ここで心理的に複数の業務に追われる時間が生じる
「2つ先」まで考えなければならない状況が生じる
④Dさんが「トイレに行きたい」という旨を訴え、臨時に「求められる業務」が発生する

4 集中力欠如を防ぐ②
現場に「司令塔」を配置せよ

▼長い移動距離が発生する場面に注意△

スタッフの動きをデータ化した場合、特に注意したいのは、Aという業務からBという業務に移る際の「移動距離」です。複数の業務が重なることもさることながら、実はこの「移動距離」の長さが業務の間にはさまると、その前後で集中力が低下する傾向があります。

こうした光景が増える時間帯においては、できればベテラン管理者を一名、「**現場の司令塔**」として配置することが理想です。そして、長い移動距離が発生する場面になったら、この「司令塔」役が近くのスタッフに指示を出したり、動ける人がいない場合は自らがかかわります。

多くの介護現場では、こうした〝遊軍〟的な人材配置のとれる余裕はなかなかないかも知れません。そのあたりは、ベテランのOBを非常勤で投入したり、あるいは現場業務に精通した事務方のスタッフを投入するという方法もあります。

問題なのは、「頼れる人がまったくいなくなる」状況です。施設の夜勤や訪問介護の現場などがそれに当たります。訪問介護の場合、対象となる利用者は一人ですが、生活援助と身体介護を同時に行わなければならないケース（風呂にお湯を入れながら、利用者の衣類を脱がせるといった状況）も生じます。この場合、「動き」をデータ化してスタッフ本人に見せるだけでも、「どんなときが危ないいか」という意識を高めることで事故リスクを減らす効果があります。

業務間の「移動距離」を考慮した人員配置を

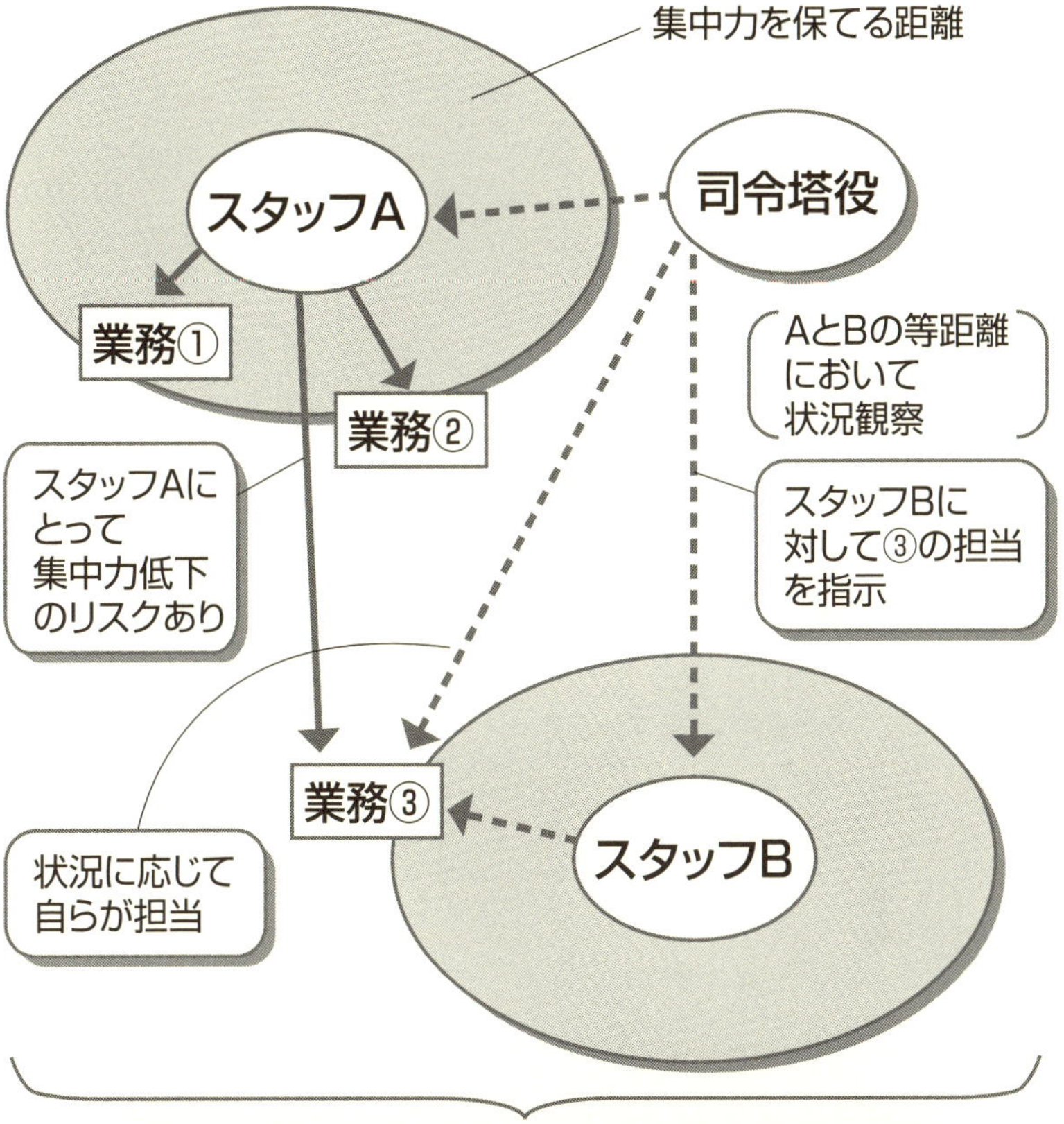
集中力を保てる距離
スタッフA
司令塔役
業務①
業務②
AとBの等距離
において
状況観察
スタッフAに
とって
集中力低下
のリスクあり
スタッフBに
対して③の担当
を指示
業務③
スタッフB
状況に応じて
自らが担当

スタッフの動きをあらかじめデータ化し、「司令塔役」はどこに「空白」が生まれやすいかを頭に入れておく

5 集中力欠如を防ぐ③
環境が大きく変わったときが危険

▼「慣れ」が生じ始めた時に集中的に監視し「緊張感」を作り出す△

現場スタッフが「集中力を欠く」ケースとして、もう一つ忘れてならないのが「**現場の環境が大きく変わったとき**」です。例えば、現場のシフトが変わったとき、設備の新設や改装が行われたとき、あるいは現場のケアに新たな仕組みが導入されたとき、などがあげられます。

これは「不慣れである」ことが大きな要因と思われがちですが、環境が変わったことによって、逆に職員の間に緊張感が出て集中力が増すこともあります。

むしろ、この新たな環境に「**慣れ始めた」あたりが一番危ない**と言えます。

例えば、新たな機能を備えた車いすなどが導入されたとします。最初のうちは、その扱いに慣れないために慎重になり、その緊張感が意外にも業務全体に行き渡るものです。

ところが、車いすの扱いに「慣れた」とたん、それまでの緊張の反動から集中力が一気に落ちるというケースが多々見られます。しかも、頭では「慣れた」と思っていても、身体で覚えるまでには至っていないため、仕事に向かう姿勢がどうしてもアンバランスになります。

これらの要因が重なったとき、集中力の欠如が大きな事故へとストレートに結びつきやすくなるわけです。これを防ぐには、「慣れ」が生じ始める時期（私語、口数が多くなるなど）を見計らって、前項の「司令塔」役が集中的に現場を監視するなどの仕組みが求められます。

どのタイミングで「集中力が低下」するか？

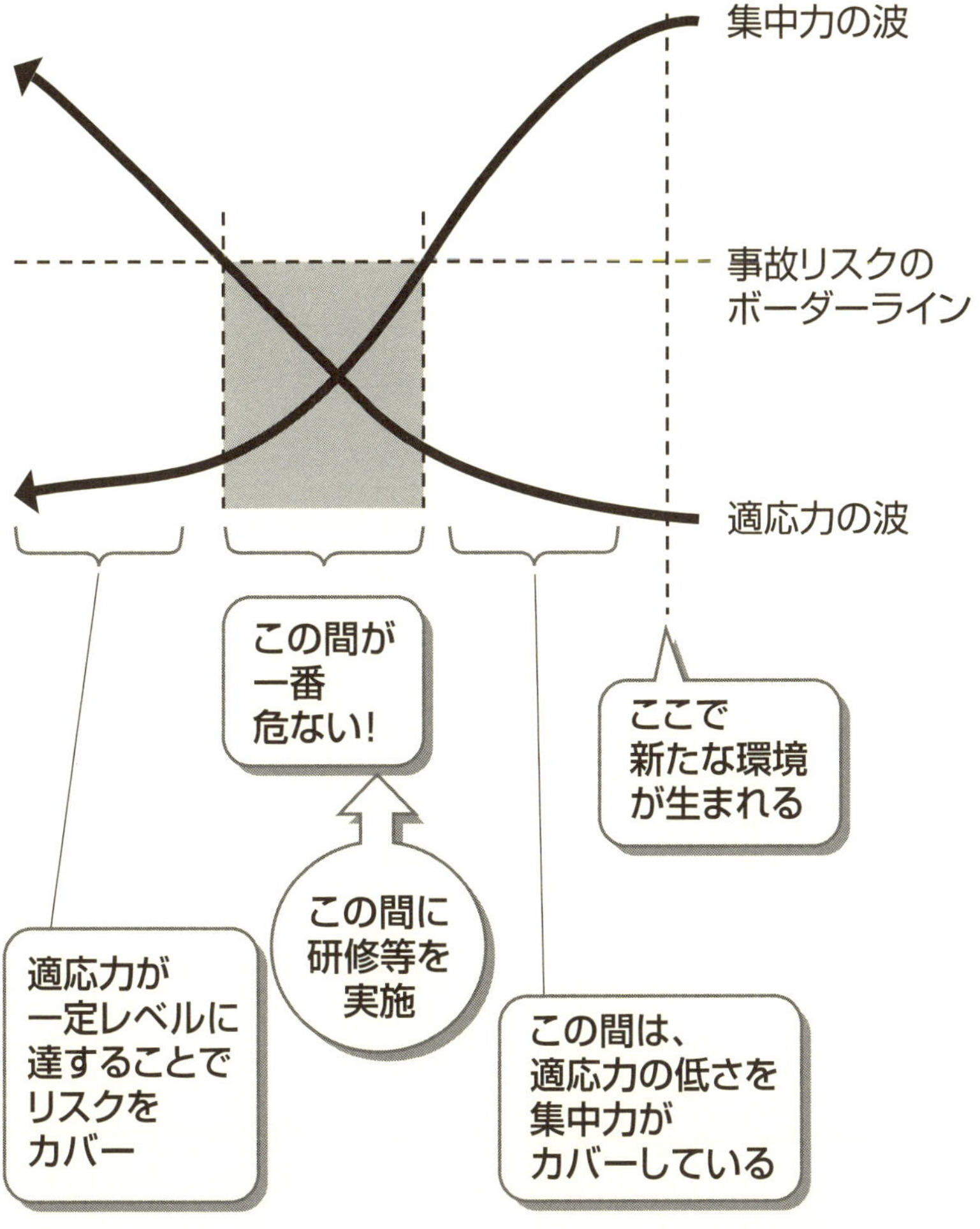
集中力の波
事故リスクのボーダーライン
適応力の波
この間が一番危ない！
ここで新たな環境が生まれる
この間に研修等を実施
適応力が一定レベルに達することでリスクをカバー
この間は、適応力の低さを集中力がカバーしている

6 入浴介助時の事故防止①
5つの基本をまず押さえよう

▼気づいたことを確実に看護師に伝える専用の連絡メモを作る△

ここまで述べた「ミスを防ぐ基本」を頭に入れながら、「介護ミス」による事故にはどんなものがあるかについて、より幅広い事例に触れてみましょう。

「介護ミス」において、死亡事故などの重大な結果を招きやすいのが、入浴介助時のケースです。要介護者でなくても、湯船で溺れてしまったり、入浴中の体調異変に襲われる事故が多いことを考えれば、介護職として十分な緊張を強いられる場面と言えるでしょう。

事故防止のための基本としては、**①入浴前のバイタルチェック**、**②入浴前の浴室の環境チェック**、**③入浴中および入浴後の入念な観察**、**④一つひとつの動作における適切な声かけ**、**⑤入浴中における利用者へのメンタルケア**、という5つがあげられます。

①については、その日の朝および日中だけでなく、入浴直前に再度チェックを行うことが必要です。バイタルチェックというと「看護師におまかせ」という傾向がありますが、看護師の配置が厚くない介護現場では、直前チェックは慌しい中で行われがちです。

介護職も「本人の顔色」「皮膚の状態」「睡眠や食欲の状況」などをしっかりチェックして、気づいたことは随時看護師に伝えるという業務習慣が望まれます。この場合、「口頭だけで伝える」と〝抜け落ち〟の危険が生じるので、専用の**連絡メモ**などを用意するといいでしょう。

息づかい
顔色
睡眠や食欲
皮膚の状態
看護師

7 入浴介助時の事故防止②
環境チェックや観察のための研修など

▼必ずチェックする事柄を「仕事の基本」として徹底させる△

前項の②については、おおむね3つのポイントがあります。1つは「浴室環境」で、床などが滑りやすくなっていないかなど。2つめは「温度」で、湯温や脱衣所の気温が適切かどうか（シャワーから急に熱湯などが出ないかどうかもチェックを）。3つめは「利用者の状態に合った自助具などが整っているか」ということがあげられます。

できれば、これらをチェックするシートを作成して、誰が担当しても漏れがないようにすることが理想です。在宅の場合は介助に適した環境が整っていないケースもあるので、最初の訪問前にサービス提供責任者が同行し、注意点を現場で確認する作業を行いましょう。

③については、顔色や皮膚の状態、入浴中の息遣いなど、必ずチェックする部分について事前研修を行うことが望まれます。入浴中に溺れるといった事故の場合、「沈み込み」のパターンがいくつかあるので、これも図解などを交えて事前研修を行いたいものです。

重要かつ意外に忘れられがちなのが、④と⑤です。この2点はともに、「**利用者本人の緊張感をいかにほぐすか**」をポイントとしています。ADLが低下している人の場合、入浴時の恐怖感は想像以上のものがあります。ここで生じる過度の緊張が本人の身体バランスを崩し、その結果事故リスクを高めるケースもあるわけです。詳細は次項で説明しましょう。

浴室環境を「見取り図」の上でチェックして見よう

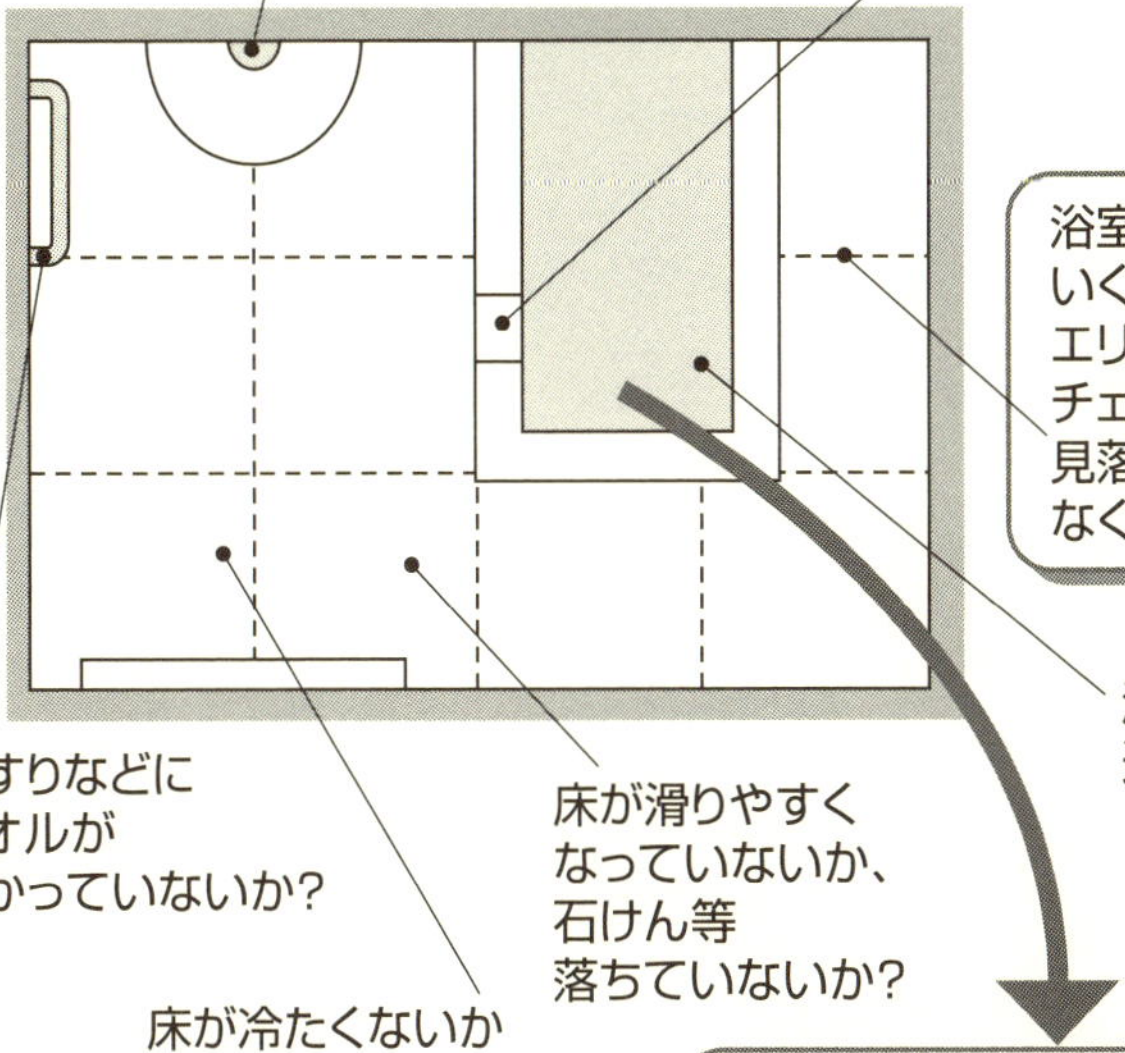
シャワーから
いきなり熱湯や
冷水が出る
ことはないか?
自助具などの
装備は適切か?
浴室内を
いくつかの
エリアに分割して
チェックすると
見落としが
なくなる
湯音は
適切か?
手すりなどに
タオルが
かかっていないか?
床が滑りやすく
なっていないか、
石けん等
落ちていないか?
床が冷たくないか
室温は適度か?

できれば
複数人の目で
チェックを

沈み込みのパターン

①あお向けのまま沈み込む

②背が丸まっている人が
顔を水面につけてしまう

③浴槽内で体の向きを
変えようとして、横向きに
倒れてしまう…など

8 入浴介助時の事故防止③
本人の緊張を和らげる工夫を

▼声かけは一つひとつの動作についてゆっくりと。その人に合わせたやり方を探す△

本人の緊張を解きほぐすことは、入浴介助に限らず、すべての介護場面に共通する課題です。まず④の**声かけ**ですが、入浴介助においては「今からシャワーを出します」とか「ここで手すりを握ってください」といった具合に、一つ一つの動作についてゆっくりと行います。

これは動作を指示したり、心構えをさせるというだけでなく、「私がここにいるから何かあっても支えられます」というメッセージを送ることを目的としています。つまり、この声かけが本人に安心感をもたらすことで、不自然な力ができるだけ入らないようにするわけです。

とはいえ、これだけではなかなか恐怖感は減らせません。よほど声かけに慣れたベテランでないと、声のトーンなどによってかえって緊張感を高める危険もあります。

そこで大切になるのが⑤です。例えば、身体を洗っている間、あるいは本人が湯船につかっている間、本人の好きそうな話題で選んで何気なく会話をしたり、一緒に歌を歌ったりします。こうすることで、ただ黙ったまま介助を行うよりもはるかに緊張がほぐれるはずです。

もちろん「風呂は静かに、黙ってつかりたい」という人もいるでしょう。そのあたりは、その人の生活観などを事前に把握しながら、柔軟に対応することが大切です。つまり、第2章で述べた「生活の意向をアセスメントする」という行為がここで生きてくるわけです。

生活の状況
○○○さん
昔から入浴中に
故郷の民謡を
歌う習慣あり
歌はマスター済
リラックス

9 脱水や低温やけどの防止①
症状・訴えで判断すると「表向き」の危険

▼「大したことはない」と思われる症状・訴えに潜むリスクを〝観察〟する△

ちょっとした気の緩みによって発生する事故として、**脱水や低温やけど**などにも十分な注意を払わなければなりません。ともに、表に出る症状や訴えは「大したことがない」と思われるケースでも、実際は身体に深刻なダメージを与えている危険があります。

脱水は、腎機能などが低下している高齢者には、季節にかかわらずつきまとうリスクです。本人から「喉がかわいた」などの訴えがなくても、気が付いたときには昏睡状態に陥ってしまったなどという事例もあります。特に、在宅の現場では、多職種および家族などとの連携が十分にとれていないと、一日の水分摂取量が管理できない危険が高まります。

一方の低温やけどですが、これは温熱便座や湯たんぽなどによるものが多く、温度によっては1分程度の短時間でも発生することがあります。特に糖尿病などの人で感覚障害などがある場合は、これも「本人からの訴え」が遅れるケースがあるので注意が必要です。

また、低温やけどの特徴として、皮膚を見ただけでは大したことはないように見えても、実は内部で壊死《えし》などが進んでいるケースが見られます。これも「表に出ている」状態だけで「大したことはない」と判断してしまうと取り返しがつかないことになりかねません。

いずれにしても、事故防止のためには介護職の「**観察力**」を鍛えることが求められます。

脱水リスクを防ぐには、まず1日の「水分摂取量」を管理

水分摂取チェック法

	摂取状況	摂取量	
朝	起床して洗顔、その後冷茶をひとくち飲む	50cc	茶碗 
朝食	食事前に野菜ジュースを小グラスに一杯、みそ汁、お茶	200cc	野菜ジュースのグラス 
午前中	午前のアクティビティ後ストローでジュースを2口	80cc	
昼食	食事前に水を一口、うどんの汁、お茶	150cc	

家族などが分かりやすいように器の中のどれくらいを飲んだかを記す

在宅における記録とリンクさせやすい

10 脱水や低温やけどの防止②
観察力とともに直観力・想像力の育成を

▼今日は暑いか暑くないか？　どんなリスクが想定できるか？　だとしたら何をすべきか？△

脱水を防ぐためのポイントとしては、一日の水分摂取量をきちんと管理したうえで、その時々の気温や本人のちょっとした変化に気づく洞察力・観察力が求められます。

例えば、夏場で気温が高い日などは、見た目に汗をかいていなくても意外に水分は失われているものです。そうしたときに、本人の皮膚に弾力がなくなっていたり、唇が乾いていたり、あるいは「倦怠感《けんたい》」などを訴えている場合は、脱水を疑う必要があります。

低温やけどについては、本人のADL状況（熱さを感じてもなかなか身体を動かすことができない、など）や感覚障害の有無を把握したうえで、「熱のあるもの」に触れた部分の皮膚にちょっとした変化（赤くなっているなど）がないかどうかをしっかり観察します。

こうした洞察力や観察力を鍛えるには、「こういうときにはこうしたリスクが懸念《けねん》される」という事前の知識をきちんと修得することが大前提です。しかしながら、利用者の生活状況は複雑であり、いざ現場に入ると「頭だけで覚えたこと」が抜け落ちる危険もあります。

そこで重要になるのは、想像力と直観力です。例えば、訪問先で利用者の居室に足を踏み入れた瞬間、「今日はちょっと暑いな」と感じたら、「脱水のリスクは高まっていないか」という**直感と想像を働かせる**――こうした力をいかに養えるかがポイントとなります。

直感力と想像力を鍛えるには?

1 「光景」を一つ思い浮かべさせる

〔例〕いつも明るくあいさつを返す利用者が、なぜかその日は返事もしない

なるべく簡単なシチュエーションで、情報もできるだけ簡素にして

2 1の理由を思いつくままに述べさせる

〔例〕
・体の調子が悪い?
・誰かに悪口を言われた?
・天気が良くないから?
・前夜に嫌な夢を見た?

根拠などは問わない。とにかく、思いつくまま、なるべく数多く上げさせる訓練を

3 短時間に上げた数を競わせる

〔例〕2に上げたものを決められた時間に記入させ、ランキングを発表する

競わせることが意欲となり、これを繰り返すことで脳の柔軟性が高まっていく

11 褥《じょく》そう・感染症を防ぐうえでも「直観力・想像力」が重要

▼観察によって気がついたら、「何をすべきか」を考える△

その他、介護現場につきまとうリスクとして、褥そう（床ずれ）や感染症（インフルエンザや食中毒も含む）などが常に話題にのぼります。これらも個人や組織の中の「緩み」が引き起こすケースが大半であると考えれば、他の介護事故と同列にとらえることが必要です。

これらを防ぐために、多くの現場ではそれぞれ専門の防止委員会を設けたり、褥そうであるなら「体位交換や栄養管理」、感染症であるなら「手洗い」等のマニュアルを作成し、その実施が徹底されています。しかし、これだけでは防ぎ得ないこともあります。

やはり大切なのは、現場の職員一人ひとりが、常に「自分たちが引き起こす可能性がある」という当事者としての意識と、「いざ発生した場合にどんな重大な結果が起こり得るのか」という点に思いを寄せる力がどれだけあるかにかかわってくるでしょう。

つまり、ここでも直観力と想像力が重要なポイントになってくるわけです。

褥そうを例にあげてみましょう。現場の介護職が本人と接する中で、①最近食事の摂取量がやや落ちている、②自力で寝返る力が少し衰えているようだ、という2点に気づいたとします。この時、①と②を頭の中で〝一つの線〟として結ぶことができれば、すぐに「褥そうのリスクが高まっている」という直感が働きます。これが直観力と想像力の現われと言えます。

手首や
爪の間も
しっかりと
へえ〜
マジメ
だねェ〜
手洗い
マニュアル
①
②
③
○○ホームで
集団感染
最悪の事態を「想像できる」能力を！

12 直観力・想像力を鍛えよう①
複数データを「つなげる」訓練を

▼例えば「脱水のリスク」を〝報告〟とその日の〝天候・気温〟から読み取るクセをつける△

直観力・想像力を鍛えるうえでは、具体的に何が必要なのかを考えてみましょう。

これらの要素は、介護現場では「センス」とか「気づき力」などと呼ばれ、「結局は介護職個人の資質によるもの」という人もいます。確かに、生まれながらに差があることも否定できませんが、一方で組織全体が差をカバーし、あるいは鍛え上げることも不可能ではありません。

第一のポイントは、褥《じょく》そうの項でも述べたように、複数の状況を「一つの線で結ぶ」ことにあります。介護職の場合、同僚などから上がってくる様々なケース記録・アセスメントを読み解き、頭に入れたうえで仕事にあたるというのが基本です。このとき、ただ「頭に入れる」のではなく、複数の記録・アセスメントの中から「何が読み取れるか」を意識的に訓練します。

例えば、Aという介護職から「本人の要望で施設の庭を一周散歩した」という報告があがったとします。ところが一方で、その日の水分摂取量はいつもと変わっていないというデータがあり、記録の「天候・気温」欄を見ると結構暑かったことが分かりました。

その時、「散歩の後に水分補給をしたのだろうか。もし、それを怠っているとしたら、脱水のリスクが高まっているのでは」という想像が浮かんできます。最初はなかなか気づきが働かなくても、こうした思考を習慣づけることが大切なのです。

「つなげる」思考を鍛える方法

1 様々な「状況」を思いつくままカードに書き出す

〔例〕

今日は Aさんの 誕生日	今日は 肌寒い 天候	朝から 食欲が ない
Aさんは 寿司が 大好物	誤嚥事故を 起こした ことがある	Aさんは 重度の 認知症がある

2 カードを裏にして、そのうち3枚を取りだす

〔例〕

今日は Aさんの 誕生日	誤嚥事故を 起こした ことがある	Aさんは 寿司が 大好物

3 ❷の3枚をもとに「Aさん」のケアの方針を考える

〔例〕

Aさんの誕生日なので、大好物の寿司を用意。

誤嚥事故を起こしたことがあるので、栄養士やドクター、STと相談した上で、リスクをはかり、飲みこみやすい寿司の大きさを考えたり、とろみ剤などを使った加工が可能かを検討する

13 直観力・想像力を鍛えよう②
「考え」を発言や記録に表そう

▼「気づき」「相手の身になる」力を飛躍的に高めるのが〝書く〟という習慣だ△

複数の情報・アセスメントを「つなげる」作業は、頭の中だけで行ったり、非公式な伝達だけで済ませるのではなく、必ず公の場（職場ミーティングやカンファレンス）で口頭によって発表させたり、専用のシートを作成して、記入させるという作業を行うようにします。

公式の場で発言したり、文章にして残すという作業を経ると、頭の中で考えたことをいったん整理するという過程が必要になります。実は、この部分で矛盾点や無理がある部分を修正したり、**整理する中で新たな「気づき」を生む**ことができます。そして、この思考の流れが、直観力・想像力を飛躍的に鍛える効果に結びつくのです。

もちろん、最初は、自分が表現している矛盾点や論理の展開に無理があるといったケースも多々見られるでしょう。これを解消するうえで、ベテラン職員やOBなどが「スーパーバイザー」としてかかわりながら、その都度〝つっこみ〟を入れていくことが求められます。

もう一つカギとなるのは、多職種や利用者本人・家族など、立場が違う人とのコミュニケーションを苦手としないことです。これについては、発言や記録のたびに、「それを（立場が違う人が）聞いたり、読んだりしたらどう思うか」を自らに問いかけるという習慣が大切です。相手の身になる――これこそが直観力・想像力の土台になっていると心得てください。

情報やアセスメントを「つなげる」ための業務習慣を考えよう

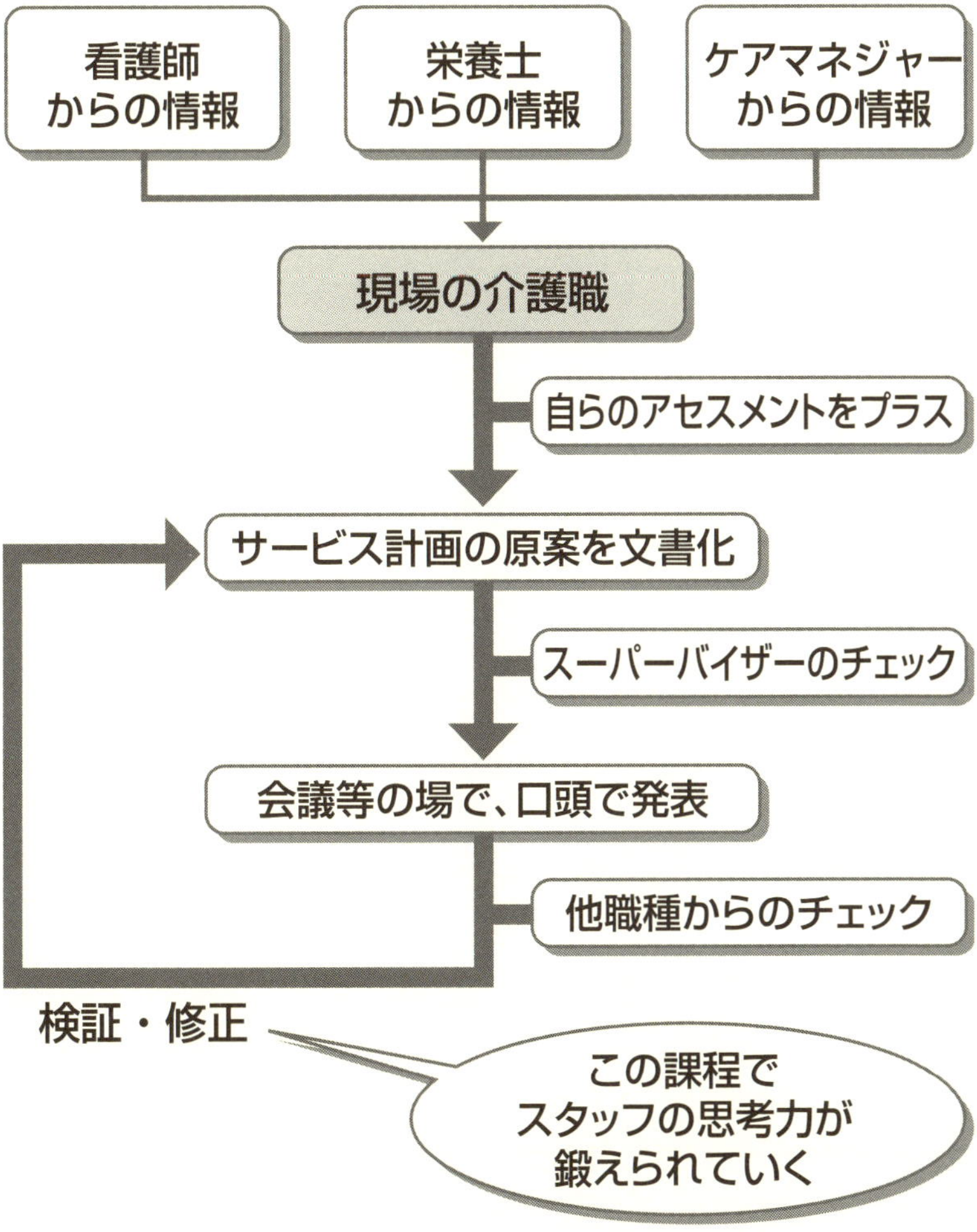
看護師
からの情報
栄養士
からの情報
ケアマネジャー
からの情報
現場の介護職
自らのアセスメントをプラス
サービス計画の原案を文書化
スーパーバイザーのチェック
会議等の場で、口頭で発表
他職種からのチェック
検証・修正
この課程で
スタッフの思考力が
鍛えられていく

14 送迎時の交通事故や施設の火災などにも注意を！

▼現場の視点で危険箇所をチェックしてみると本当に大切なこと（＝箇所）が発見できる△

最近は、送迎中の交通事故や施設における火災など、一見介護の専門性とは関係ない部分での事故で大きな被害がいくつも報告されています。実は、こうした事故を防ぐのも、「介護事故の防止」と基本は一緒だと考えることが大切です。

例えば、送迎などの場合、タクシー業務などとは違い、事前にどの道を通るかは分かっているはずです。そうなれば、その行程において「見通しの悪い交差点はどこか」「雨の際にスリップ事故を起こしやすい箇所はどこか」を事前に〝アセスメント〟することはできるはずです。

また、いつも使っている車両であるなら、車の整備は十分なのか、あるいは乗降時のリフト操作で予想される危険とはどのようなものなのか、についても、事業所や施設全体の意識を高めて、事前にマニュアルを作成したりすることで十分防ぐことができるでしょう。

ところが、介護業務にまつわるリスクをアセスメントすることは行われていても、こうした交通事故や火災などについて意外に無頓着な所が多いという印象があります。

例えば、火災などについては、消防署から与えられた指導やマニュアルなど〝できあい〟のものに頼ってはいないでしょうか。**大切なのは、現場の人々が自らの視点で「作成する」ということです。**この作業を通じることで、意外な落とし穴に気づくこともあります。

例えば、送迎時のリスクチェック表ならば…

道路状況

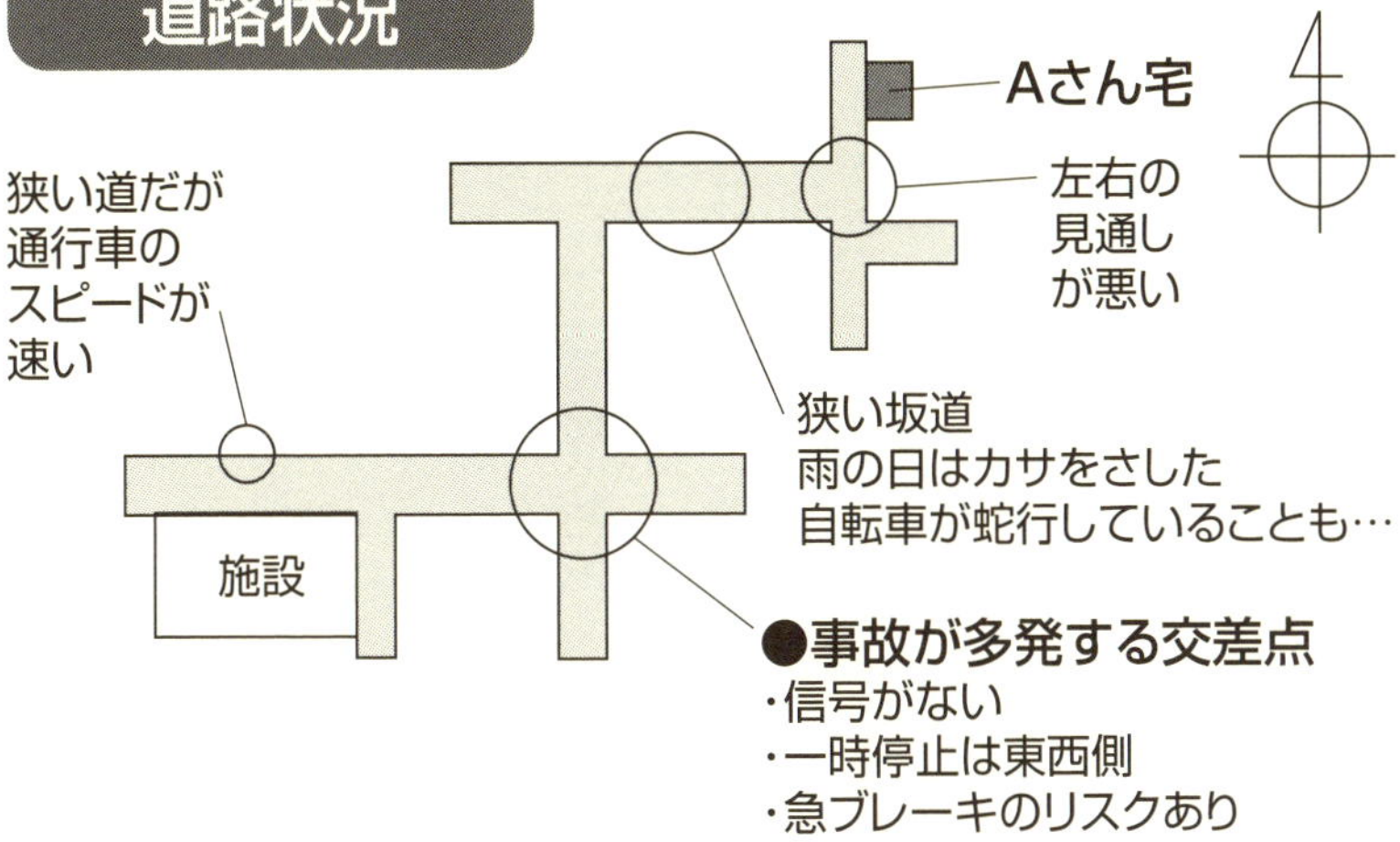
Aさん宅
左右の
見通し
が悪い
狭い道だが
通行車の
スピードが
速い
狭い坂道
雨の日はカサをさした
自転車が蛇行していることも…
施設
●事故が多発する交差点
・信号がない
・一時停止は東西側
・急ブレーキのリスクあり

乗降時の状況

1	リフトの昇降前に	車いすのストッパーが機能しているか確認
2	リフトの昇降時に	見守りのための立ち位置を確認
3	車内において	車いすが固定されているか確認
4	発車前に	本人への声かけ、再度の車いす固定を確認

コラム　介護現場でいま何が起ころうとしているか？

地域全体の高齢者リスクにも目を向けるべき時代

いま、地域で大きな課題になっていることの一つに、「一人暮らし高齢者が悪徳商法などに巻き込まれる」、あるいは「認知症高齢者が徘徊によって行方不明になる」といった、高齢者の安全にかかわるテーマがあります。

こうした課題については、地域ぐるみで取り組んでいくことが必要ではありますが、最初にリスクを発見したり、より専門的な技能による対処が必要であるといった場合、やはり「介護のプロ」としてのノウハウが必要になってくるケースも少なくありません。それを発揮するうえでは、日常的に地域の人々との連携を図っていくことが必要になります。

ところが、介護現場においては、目の前の利用者の支援を最重要の課題とするあまり、日常的に地域社会に対して関心の目を向けていくということが、まだまだ十分に行なわれていない傾向があります。

最近でこそ、大規模法人などが自治会の招きを受けて、高齢者虐待や認知症ケアについて、現場の専門職が講演などを行なう光景も増えてきました。認知症高齢者が徘徊した場合などに備えて、「発見ネットワーク」の指導にあたっているケースなども見られます。

しかしながら、専門職と一般住民が日常的につながっていきながら、地域の安全確保のための文化を築いていくという点では、まだまだ法人トップの考え方などによって左右されがちな面があります。

地域で常にリスクを抱える高齢者というのは、明日にでも専門職が働いている現場の利用者になるかもしれません。その意味では、地域社会と連携していくことは、現場におけるチームケアの延長にあるといえます。

「現場の業務とは関係ない」という意識を払拭し、現場のケアと地域における支援をいかにつなげていくか。これも大きなテーマの一つです。

第6章

「介護トラブル防止」の鉄則は現場任せにしないこと

1 軽く見てはいけない様々な「介護トラブル」

▼甘く見ると事故に結びつく危険性が潜んでいる△

介護現場では、利用者に身体的な被害を与えるわけではないものの、所有する財産や権利を侵害したり、サービス提供上何らかの不利益を与えてしまう事例も多々発生しています。

本書では「介護トラブル」と呼ぶことにしますが、「身体的な被害が生じていない」とはいえ普段から防止策を講じておかないと、利用者との信頼関係が崩れたり、ひいては損害賠償を請求されるなどの事態になりかねません。また、「介護トラブル」と「介護事故」は、その発生する原因に共通している部分が多く、「介護トラブル」を軽く見ることで、ゆくゆくは大きな「介護事故」に結びつく危険があることも心得ておくべきでしょう。

具体的に見られる「介護トラブル」としては、①サービス提供が契約・計画通りに行われていない（契約違反）、②利用者の権利や人格を侵害する（権利侵害）、③利用者の所持品を破損・紛失したり財産を侵害する（物損・財産侵害）、④利用者同士のトラブルに的確な対応をしていない（対人トラブル）、⑤利用者の様々な不満・苦情に対応していない（苦情処理等の不備）といったケースがあげられます。問題なのは、こうしたトラブルの中には、発生したこと事態に事業所や施設が気づかないケースがあり、それが後々問題を大きくしてしまうことです。

この分類をまず頭に入れて、事態を的確に把握することから始めてください。

サービス提供の流れにおいて、どのような「トラブル」が考えられるか?

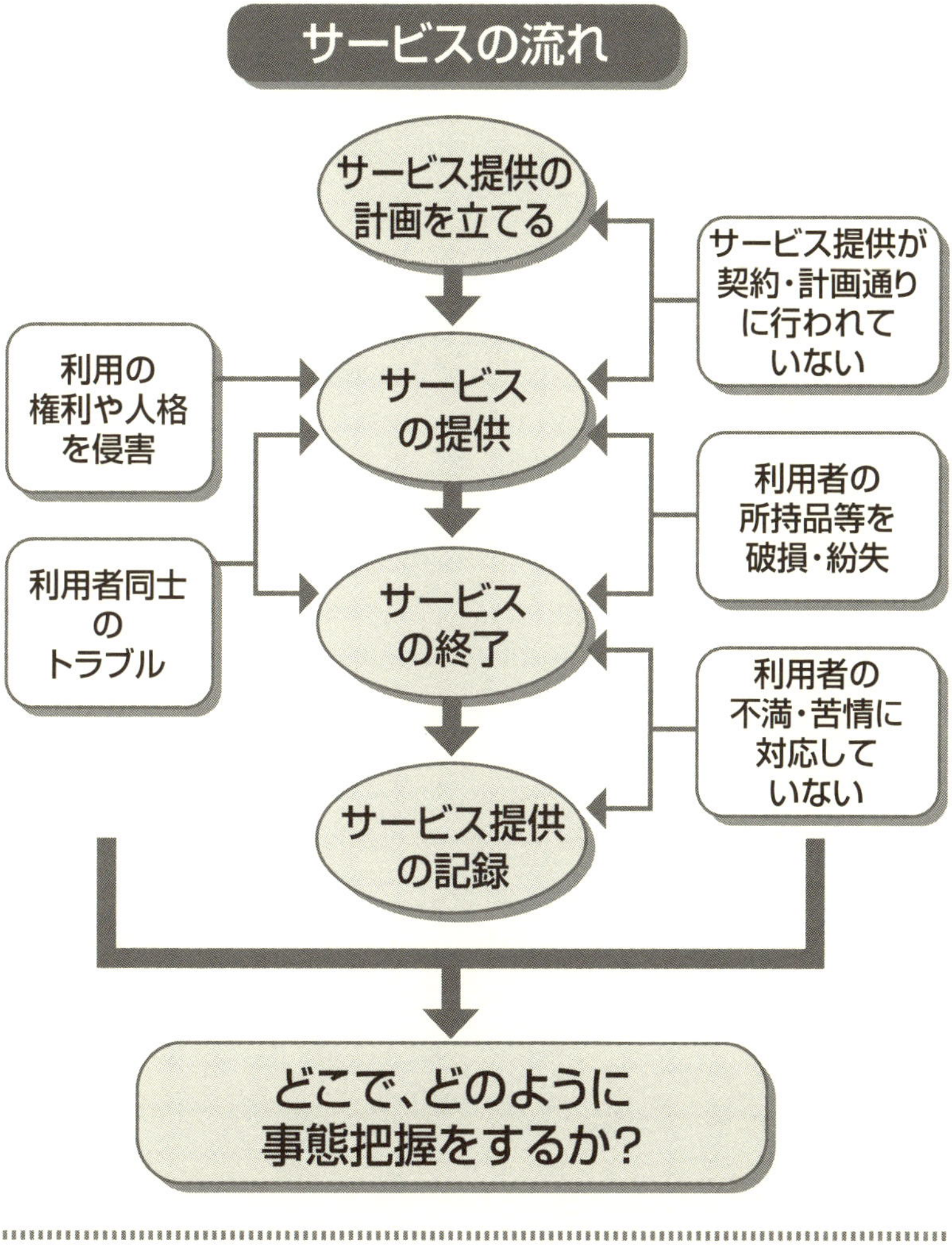
サービスの流れ
サービス提供の計画を立てる
サービスの提供
サービスの終了
サービス提供の記録
利用の権利や人格を侵害
利用者同士のトラブル
サービス提供が契約・計画通りに行われていない
利用者の所持品等を破損・紛失
利用者の不満・苦情に対応していない
どこで、どのように事態把握をするか?

2 契約違反のケース①
原因はプロの自覚と倫理観の欠如にある

▼最悪の事態、結果の重大性を想像する力がポイント△

まず「サービスが契約や計画通りに提供されていない」というトラブルですが、これには2つのパターンがあります。1つは現場スタッフの怠慢によるもの。もう1つのパターンは、スタッフが「利用者の要望を聞きすぎる」ことによって発生するものです。

前者は、例えば「ホームヘルパーなどが決められた時間に訪問しない」とか「忙しさなどを理由に職員が決められたケアを行わない」などがあげられます。一方、後者については、「訪問介護では認められていない、庭の草むしりや犬の散歩などについて、事業所に内緒で行ってしまう」とか、「栄養ケア計画に沿った食事に対し、利用者が満足できないため、現場職員がこっそりとおやつなどをポケットマネーで買い与えてしまう」などのケースが見られます。

前者と後者では、スタッフの性格や物の考え方が正反対のように思われがちですが、いずれも「介護という職業に対するプロ意識や倫理観が欠けている」ことが背景としてあげられます。

プロ意識や職業倫理などというと抽象的な問題として受け止められがちですが、言い換えれば、「**最悪の事態が起こったときの、結果の重大性に思いが及んでいない**」ということです。

契約・計画外のことをやって仮に事故が発生すれば、スタッフ本人にも重い責任が問われます。このことを「想像する力」が乏しいことでトラブルを生むというわけです。

他の人にはナイショだよ
あ!大好物のタイ焼き!!
ポケットマネーで買ったおやつ
しら〜
スクリーニングデータ
??あれ…?
栄養士

3 契約違反のケース②「最悪の事態」を想像させる機会を持とう

▼「契約外のことをしたらどうなるのか」を具体的に教える△

前項で述べた「最悪の事態」を具体的に考えてみましょう。

例えば、利用者から「犬の散歩をお願いしたい。事業所には黙っているから」と言われ、「それが利用者のQOLを上げることになるのなら」という〝良かれ〟の気持ちで承諾したとします。そこで、もし犬の散歩中に車と接触事故を起こし犬がケガをしたらどうなるでしょう。その犬は利用者の「持ちもの」ですから、それを預かっている途中で犬にケガをさせれば、不可抗力とはいえ「他人のものを物損させた」ことに変わりはありません。それが業務の範囲外ということになると、スタッフ個人にかかる責任も重たくなってきます（もちろん、事業者側も、「契約外のことをするな」という指示が徹底していなかったという点で使用者責任を免れることはできません。また、介護事業者としての社会的な信頼も失うことになります）。

前項で示した「こっそりおやつなどを買い与えてしまう」などというケースは、さらに深刻です。仮にその行為が利用者の血糖値を上げて、そのために具合が悪くなったとすれば、これはスタッフ本人の問われる責任が重大なものになるでしょう。結果によっては、刑事責任さえ問われることになるかも知れません。こうした「最悪の事態」を、一つ一つの事例をあげながら、スタッフ全員に考えさせる機会というものを持つ必要があります。

「契約外の行為」をすることで、起こりうる「最悪の事態」を想像しよう

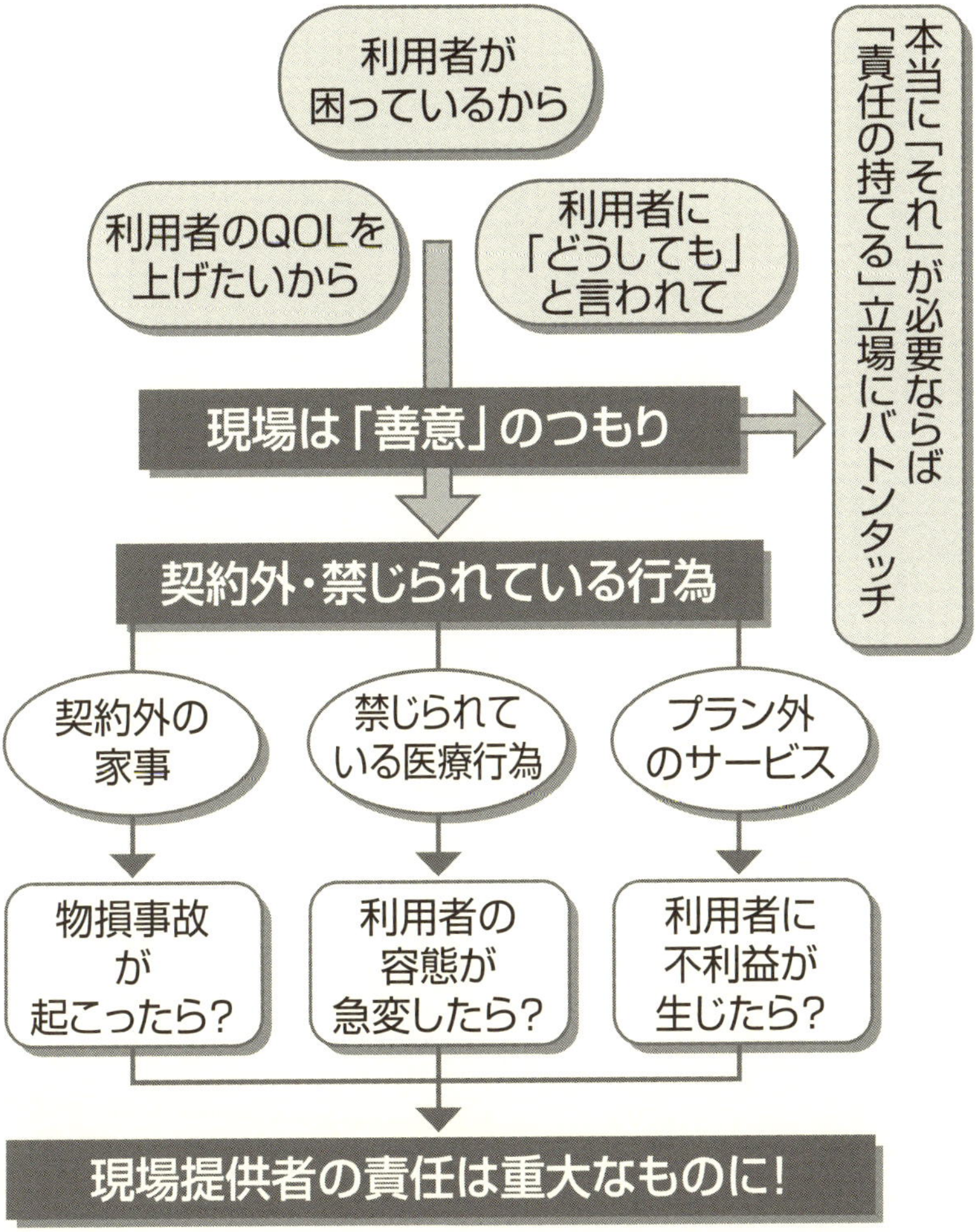
利用者が困っているから
利用者のQOLを上げたいから
利用者に「どうしても」と言われて
現場は「善意」のつもり
本当に「それ」が必要ならば「責任の持てる」立場にバトンタッチ
契約外・禁じられている行為
契約外の家事
禁じられている医療行為
プラン外のサービス
物損事故が起こったら?
利用者の容態が急変したら?
利用者に不利益が生じたら?
現場提供者の責任は重大なものに!

4 権利侵害のケース①

「人権尊重」は現場の中で身につけさせる

▼なぜ職員の暴言・セクハラ発言事件が起こるのか△

施設入所者に対して、職員が暴言やセクハラ発言を行ったという事件が後を断ちません。「高齢者介護という仕事は〝人を思いやる〟ことが基本のはずなのに、なぜこんな事件を起こしてしまうのか」という驚きを持って受け止めた人も多いでしょう。

確かに、高齢者介護にかかわる職種であるならば、高齢者や障害者の人権・人格の尊重については、その研修課程などで十分に学ぶ機会を得ているはずです。しかしながら、「他者の人権を尊重する」という価値観は、本来「頭で覚える」ものではなく、社会の中で体験によって身につけていくものに他なりません。「教えられているのだから理解しているはず」という考え方がそもそも危険であり、高齢者の人権を守る立場の介護事業として、（人権侵害という）リスクに対する考え方が甘いと言われても仕方ないでしょう。

では、「体験によってはぐくむ」ということを現場で実践していくには、どうすればいいでしょうか。介護現場によっては、スタッフ自らが同僚の介護を受けたり、障害が擬似体験できる装具などを活用して、「利用者の身になる」体験を行わせているといった光景が見られます。こうした研修方法もそれなりに効果はあるものですが、本当に「利用者の身になる」ことができるのかというと、人によって差があることも否定できません。

高齢者・障害者への人権尊重意識は、どうやって築き上げられるのか?

研修による知識

↓

頭の中で「理解」する

業務・研修外の日常

↓

社会経験の中で自らが「考える」

↓

この「往復」ができているかどうかを現場の中で量る

例
・身体に「障害」があると、どんな気持ちになるか?
・家族から離れて、施設に入るというのはどんな気持ちか?
・認知症になると、回りの世界をどんな具合に感じるのか?

↓

フリーディスカッションなどで、述べてもらい、その人の「身になる」クセをつけさせる

5 業務から離れて「利用者の話」を聞く機会を

権利侵害のケース②

▼高齢者と接する機会の少なかった若いスタッフが増えてきている△

特に若いスタッフに言えることですが、核家族化によって子どもの頃から「高齢者と接する機会」がほとんどないという人が増えています。介護現場では、「お年寄りが好きなので」という動機でかかわってくる人がよく見られますが、それはたまに会う〝おじいちゃん・おばあちゃん〟のやさしい思い出がベースになっていることが少なくありません。

実際にサービスを利用する人の中には、見た目にどうしてもとっつきにくい性格の人もいれば、何かと嫌味ばかり口にするような人もいます。しかしながら、そうした性格の一端も、その人の人生観の現われであり、その背景にある「生きてきた時間の蓄積」をきちんと理解することが、「その人の人格をまるごと尊重する」ことの出発点となるものです。

となれば、まずは**利用者本人の話を「きちんと聞く」機会を持つ**ことが必要です。日々、慌しい業務の中で「利用者の話を聞く」といっても、なかなか心底耳を傾けることはできないものです。利用者の側も、中途半端に聞かれるのを嫌がる人も多いので、どうしても「お愛想」程度の会話になってしまうケースが見られます。そこで、管理者側がシフトを調整しながら、業務から完全に離れて「話を聞くこと」に集中する時間を設けることも大切です。

より具体的な手法としては、図を参照してください。

「利用者の話」をどのように聞くか？

1 利用者本人もしくは家族に許諾を得る

「本人の生活歴をより深く知るためのアセスメント」の一環とする方法も

↓

2 「話を聞く」環境を整える

・第三者に話が漏れないように配慮
・話のしやすい、居心地 のよい環境を
・お茶などを飲みながら、気分をやわらげる演出を

↓

3 管理者が司会となって、話をすすめる

・「若い人に昔の話を聞かせる」など、その人の“役割”を強調しながら
・きっかけは話しやすい所から、後は自由に（昔の思い出の中には、話したくないこともあるので、事前のアセスメントをもとに十分配慮）

↓

4 最初は、あいづち・うなづきなど、大きな反応を

・相手が乗ってきたなら、時々質問をはさんで
・さらに話がはずんだら、聞き手にも自由に質問させる

↓

5 話が聞き終わったら「今日は本当に貴重なお話をありがとうございます」の一言を

（3〜5：20〜30分を目安に）

6 物損・紛失のケース①
まずは「持ち物」のアセスメントを
▼「壊れやすいものはないか」などを事前チェック△

利用者の持ち物や財産に関する、いわゆる物損や紛失といったトラブルも介護現場にはつきまといがちです。在宅の現場であれば、「洗いものや掃除をしていて物を壊した」など。多くの利用者が集まるデイサービスなどの現場であれば、「入浴時の着替えなどを紛失した（あるいは他人のものと取り違えた）」といった事例などは、どこでも頭の痛い問題でしょう。

前者のような物損のケースでは、「集中力を欠かない」という基本も大切ですが、スタッフも人間なので「つい、うっかり」という状況はいつでも発生します。そんな中で少しでも発生する頻度を減らすのであれば、ここでも事前のアセスメントが重要になります。

つまり、**現場の管理者などが事前に利用者宅を訪問したうえで、「壊れやすいものはないか」あるいは「掃除などをする際に壊してしまうリスクはないか」**を丹念にチェックします。そのうえで「しまっておいた方がいい」「移動しておいた方がいい」と思われるものについては、利用者本人や家族などと話し合ったうえで、可能ならば片付けてもらいます。

利用者や家族にしてみれば、「サービスを受けるのはこっちなのに、なぜわざわざそんなことをしなければならないか」と思う人もいるでしょう。しかし、リスクをきちんと説明したうえで、このやり取りを行うことが、いざというときの信頼関係をつなぐ保障にもなるのです。

壊れやすいもの
チェック!
動線上にあるもの
家族
サービス提供責任者
ヘルパーの死角になるもの

7 物損・紛失のケース②
名札・記録帳・声かけを基本に

▼「預かった・預からない」というトラブル防止の有効策は記録をとることだ△

後者の「紛失」を防ぐうえでも、事前に利用者や家族と打ち合わせをすることが求められます。例えば、貴重品については「なるべく持参しないよう」にお願いし、もし持って来る場合は事前に事業所の窓口で預かって金庫等に保管する、という方法を確認します。

そのうえで着替えについては、利用者の氏名を記した札をつけた「専用の袋」などに入れて預かります。「預かった」という旨を、本人や家族の前で記録しておくことで、いざというときに「預かった・預からない」という押し問答を避けることができます。

施設などで洗濯物を預かる場合は、事前に本人・家族と打ち合わせたうえで衣類に「名前」を記入してもらい、洗濯のたびに名札をつけた紐などで一人分ずつくるんでおきます。洗濯に際しては、やはり専用の記録帳を用意し、**①預かった時点、②洗濯にかかった時点、③乾燥にかかった時点、④整理して利用者のもとへ届けた時点、でそれぞれチェックを入れるようにします。**この工程帳をつけることで、「今、どの段階にあるのか」を明らかにするわけです。

忘れてならないのは「預かったとき、返すとき」に必ず「何か注意事項はございませんか」という具合に声で確認を取ることです。この確認を取ることが、破損を防ぐだけでなく、「受け渡しをした」という記憶につながり、その後のトラブルを防ぐことにもつながるわけです。

「預かり証」と「預かり進行表」を用意

① 洗濯物預かり証

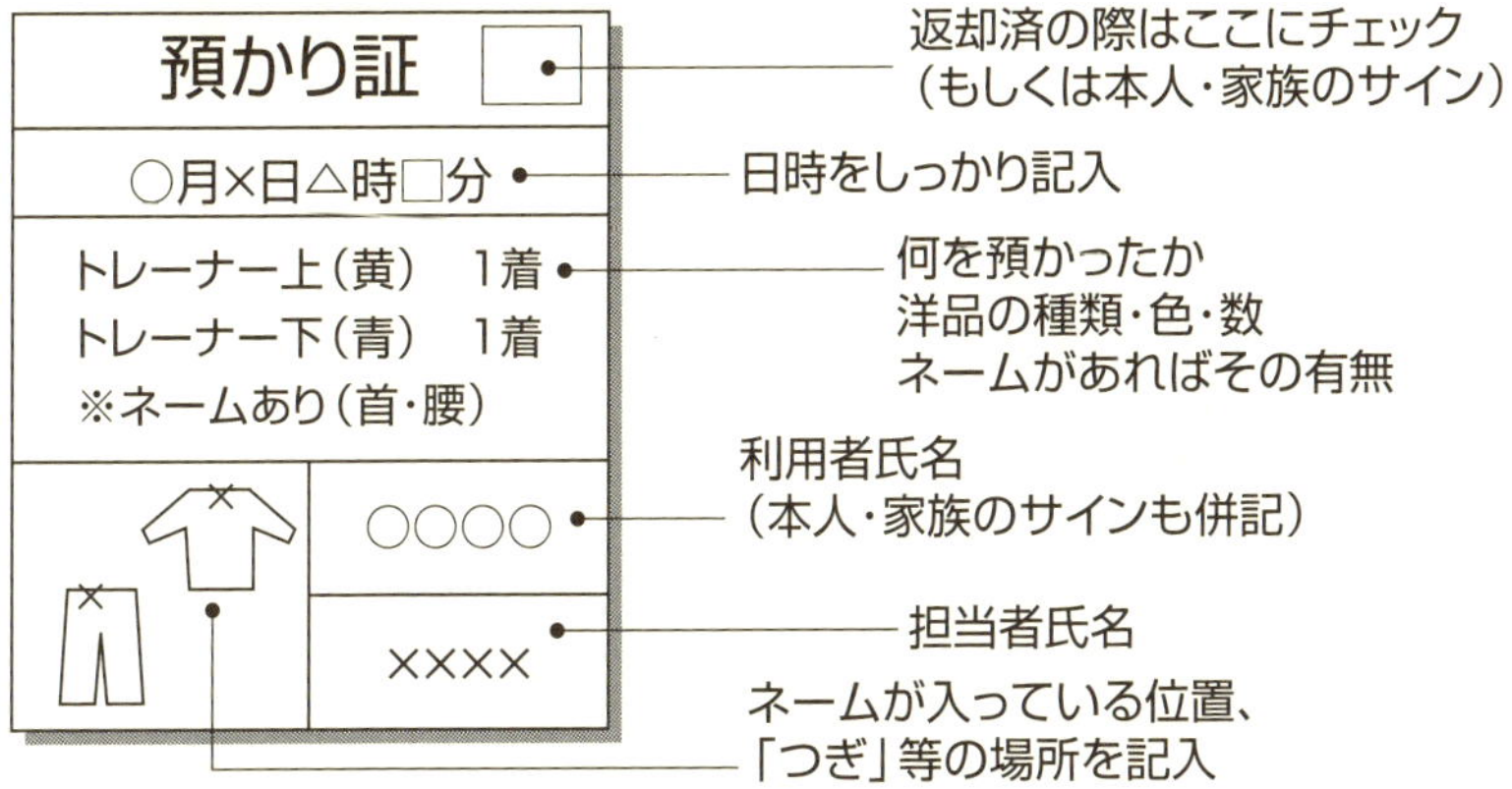
預かり証
○月×日△時□分
トレーナー上（黄）　1着
トレーナー下（青）　1着
※ネームあり（首・腰）
○○○○
××××
返却済の際はここにチェック（もしくは本人・家族のサイン）
日時をしっかり記入
何を預かったか
洋品の種類・色・数
ネームがあればその有無
利用者氏名（本人・家族のサインも併記）
担当者氏名
ネームが入っている位置、「つぎ」等の場所を記入

② 洗濯物預かり進行表

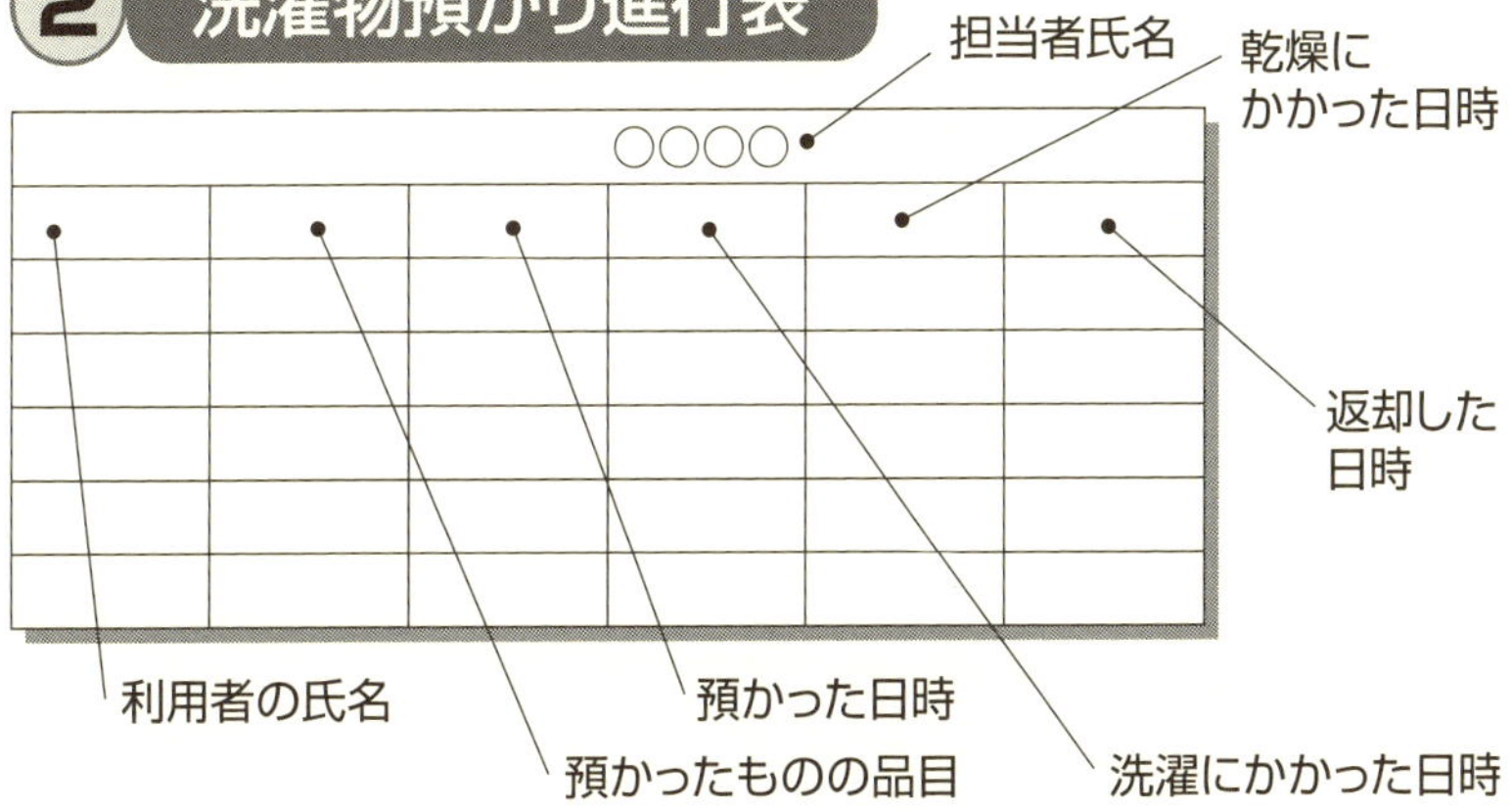
○○○○
担当者氏名
乾燥にかかった日時
返却した日時
利用者の氏名
預かったものの品目
預かった日時
洗濯にかかった日時

8 ここでもアセスメント力がものを言う
利用者同士のトラブル

▼例えば、相性の悪い利用者は"接近させない"工夫も必要△

施設やデイサービスなど、多くの利用者が集まる現場では、利用者同士がいさかいなどのトラブルを起こすこともよく見られます。仮に喧嘩などになり、どちらかがケガなどをしてしまうと、事業所および施設としても管理責任が問われるケースが少なくありません。

これも事前のアセスメント力がトラブル防止の大きなポイントとなります。例えば「利用者のQOL向上」に熱心な施設の場合、入居後の生活状況などについて様々な視点からアセスメントを行う例が見られます。それは単に「その人の趣味や趣向」にとどまらず、例えば「他の入居者との人間関係」などもきちんと見極めたうえで、同じ趣味活動でも「AさんはBさんと一緒に行った方が熱心に取り組む」などという部分まで踏み込んでいるというものです。

普段からこうしたアセスメントに取り組んでいれば、逆に言うと「AさんはCさんがいるときは不機嫌になる。CさんもAさんにはあまりいい感情を持っていない」などという相性の悪さにも気付く機会が増えてきます。これを活かしつつ、例えばAさんとCさん、どちらかがあまり機嫌のよくない日は、両者が接近しないように介助・誘導を工夫するわけです。もちろん、行動を制限することはできないので、両者が接近する状況が生まれた場合は、必ずベテランのスタッフが間に入るなどしてトラブルの発生を未然に防ぎます。

Bさん
Aさん
Aさん
Cさん
アセスメント

9 不満・苦情への対応①
「現場任せ」の対応はもはや通用しない

▼早々とスタッフが辞めてしまったり、苦情隠蔽《いんぺい》などの原因になりかねない△

介護の現場は「人と人との関係」で成り立つものであるゆえに、ちょっとした感情の行き違いが常に発生します。それがある程度積み重なったときに、利用者側からの不満や苦情となって表に出てくるわけです。つまり、不満や苦情が出るのは、ある意味自然なことなのです。

大切なのは、その**不満や苦情をきちんと受け止め、その都度解消する仕組みが整っているか**どうかということです。的確な〝解消〟がなされないと、利用者側のマイナス感情はどんどん蓄積されていきます。それが一定の限度を超えたときに、ちょっとしたことで訴訟沙汰につながるなど、大きな〝爆発〟を起こす危険が高まるわけです。

特に、介護保険制度が改正されるたびに、利用者負担の増加やサービスの利用制限などが次々と打ち出され、利用者側としては「言うべきことは言わなくては」という心理が大きくなっています。つまり、不満や苦情を口にする機会が増え、それが解消できないことによるマイナス感情の蓄積のスピードがますます高まっていく恐れがあるということです。

今までの介護現場は、「不満や苦情を聞くのは現場の仕事」というスタンスが主流を占めていました。しかしながら、もはや**「現場任せ」にすることは限界**があり、ややもするとスタッフの早期離脱や「苦情などを現場で隠蔽《いんぺい》する」という体質を生む恐れがあります。

「表に出にくい不満」を随時解消することが、その後の大トラブルを防ぐ

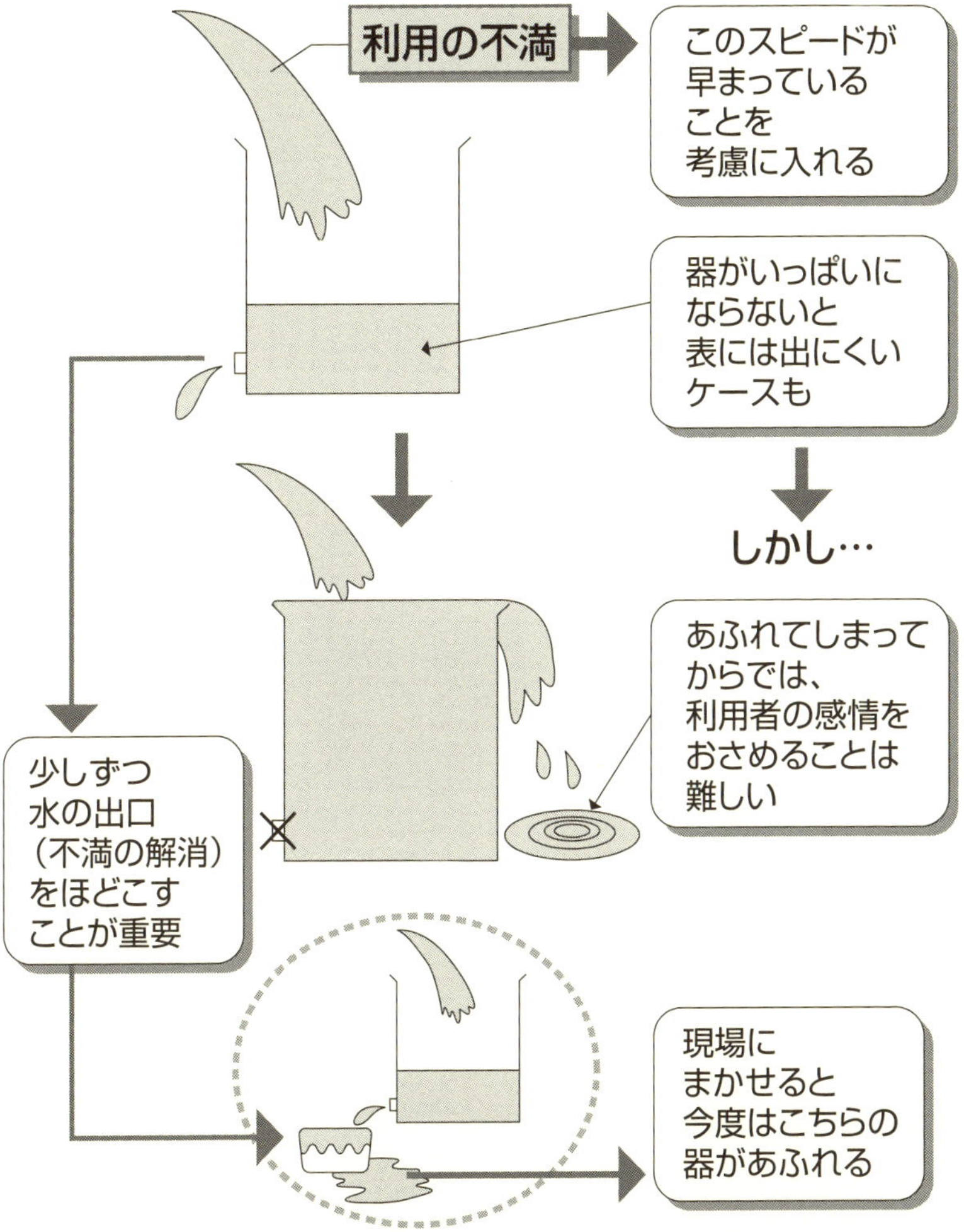
利用の不満
このスピードが早まっていることを考慮に入れる
器がいっぱいにならないと表には出にくいケースも
しかし…
あふれてしまってからでは、利用者の感情をおさめることは難しい
少しずつ水の出口（不満の解消）をほどこすことが重要
現場にまかせると今度はこちらの器があふれる

10 不満・苦情への対応②
「ケース記録」を活用して吸い上げを徹底

▼吸い上げた情報を整理し、その対応を公開する、これがスタッフの対応力を高める△

利用者からの不満や苦情に対応する流れとしては、①現場からきちんと吸い上げる、②組織のトップにおいて整理・対応する、③対応結果をフィードバックする、というのが基本です。

まず①ですが、よく苦情を受け付ける「ご意見箱」などを設けている施設を見かけますが、これだけではあまり機能しません。なぜなら、投書するという積極的な動きを見せるのは、不満が相当に蓄積してからであり、そうなってからでは遅いというケースが大半だからです。

日常的な不満・苦情は身近にいる現場スタッフに向けられるということを考えれば、やはり常日頃から利用者の言動をきちんとウオッチングする仕組みが求められます。

例えば、ケース記録の項目に**「本人や家族の訴え」**を記す項目を独立させておき、その中で不満や苦情に当たるものは色を変えて記録しておくといったやり方が考えられます。

そして、できれば事務方に「不満・苦情を処理する」専門の役職を配置し、その担当者が毎日記録に目を通しながらチェックしていきます。その際、緊急性や頻度の高いものからランクづけをしていくと、「深刻なものなのに対応が遅れた」という危険を防ぐことができます。

なお、現場スタッフには、具体的な事例を交えながら、**「どんなに些細なことでも記録する」「隠蔽は重大な結果を招く」**という旨を研修等で徹底させます。

苦情処理の流れをシステムとして組み立てよう

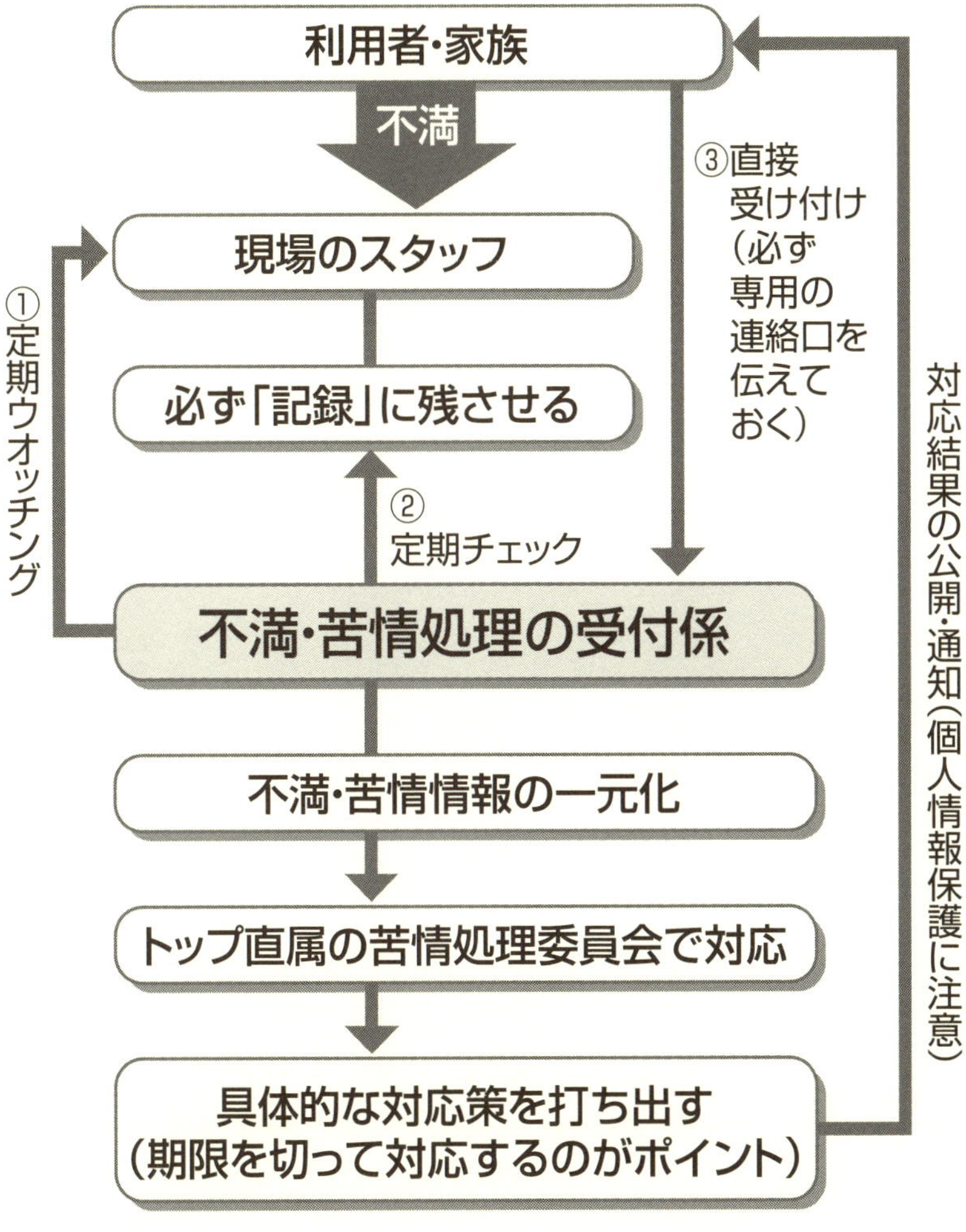
利用者・家族
不満
現場のスタッフ
必ず「記録」に残させる
①定期ウオッチング
②定期チェック
③直接受け付け（必ず専用の連絡口を伝えておく）
不満・苦情処理の受付係
不満・苦情情報の一元化
トップ直属の苦情処理委員会で対応
具体的な対応策を打ち出す
（期限を切って対応するのがポイント）
対応結果の公開・通知（個人情報保護に注意）

11 不満・苦情への対応③ 苦情処理委員会の設置と情報公開

▼すべての利用者に対する情報公開が原則△

次に②ですが、ここで言う「トップ」というのは、組織の代表者（理事長、施設長、事業所長など）に直属する形で構成された「苦情処理委員会」などを指します。この機関において対応策を協議するとともに、より詳細な情報収集が必要と判断したものについて、委員会のメンバーが利用者本人や家族に対して、ヒアリングによる調査を実施します。

なお、苦情処理委員会には、利用者家族や地域住民の代表などをメンバーに加えることで、第三者機関的な性格を持たせることも大切です。例えば「スタッフから暴言を受けた」という苦情があった場合は、本人とスタッフの両方の言い分を聞きながら事実関係を正確に把握することが必要です。その際に「第三者」がいることで、「身内をかばおうとするのではないか」という利用者側の疑いが発生しないようにします。

具体的な対応を行った後は、必ず③を実行します（対応に時間がかかるケースの場合は、その途中経過を告知することも必要です）。これは、不満や苦情を出した本人に対してだけでなく、他の利用者に対しても広報誌や掲示板などを利用して公開を行います（ただし、当事者のプライバシーを重視して、本人の許可をとったうえで匿名などによって公表します）。

さらに、その後、「対応がうまくいっているか」という事後評価まで公表するのが理想です。

必ず「第三者」の参加を!
家族代表
地域住民代表
事業所・施設代表
当事者スタッフ
利用者代表

コラム 介護現場でいま何が起ころうとしているか？

介護職による「タン吸引」がもたらす今後の波紋

介護職にも、タンの吸引や胃ろうの管理などの「医療的ケア」ができるようにする──この法改正に向けて、厚労省内で専門の検討会が開かれました。実際には、すでに一部の現場などでは解禁が進んでいますが、これをどこまで広げるか、そのための研修をどうやって行なっていくかということが、国をあげての大きなテーマとなったわけです。

この職務権限の拡大が、現場においてどれくらい広まっていくのか。果たして、現場で働く職員への研修は浸透するのか。現実的には様々な課題があると思われますが、それとは別に「社会的な関心が高まる」という点が、現場に大きな影響をもたらす可能性があります。

例えば、「一般の介護職にタンの吸引が可能になる」というニュースが一人歩きした場合、在宅で医療的なケアが必要な利用者がいたとして、その家族から「訪問看護を頼むのではなく、なじみのヘルパーさんにやってもらいたい」という申し出が出てくることも考えられます。

実際には、タンの吸引の範囲が口腔内にとどまったり、介護保険の訪問介護の範囲内でできるのかどうかということも課題になるなど、利用者ニーズとの間には様々な壁も生じるでしょう。しかしながら、病院や施設に入っての療養ケアが受けにくい時代において、利用者側の期待感は、現場が想像する以上に高まってくることも予想されます。

そのとき、事業者側にきちんとした説明責任を果たす能力が培われていないと、あらぬ誤解や不信を招くことにつながりかねません。介護業界へのプレッシャーはますます高まっていくことは間違いないわけです。

そのあたりについて、今から「利用者との対話をどう構築していくか」ということを、もっと真剣に考えるべき時代が来ているといえます。

第7章

事故発生から対処までをテキパキ進める完全マニュアル

1 緊急時のマニュアル作成と繰り返しの事前研修を行おう

▼緊急時の連絡体制を確立しよう△

最後に、実際に事故やトラブルが発生したときの対応法について考えることにしましょう。

まず、緊急性を要する場合（利用者がケガをした、など）を想定し、①その場の対処を事前にしっかりとマニュアル化し、②スタッフ全員に徹底させたうえで状況を想定した研修を行う、ということを基本とします。介護現場においては柔軟な対応が必要なケースも多々ありますが、こと緊急性を要する場合は、まず「利用者の生命の安全を確保する」ことが絶対条件となり、またスタッフ側が正常な判断能力を維持していないことも考えられます。その意味では指針となるマニュアルと、身体に覚えさせる研修が大切になるわけです。

①のマニュアルについては、「状況観察の方法」「救命法について」「緊急時の連絡体制」の3つが基本となります。これらの基本を時系列でチャート化し、「こういう場合には、次に何をするのか」という流れが頭に入りやすいように工夫してください。

これらを事故のケース別（利用者がケガを負ったり容態が急変した場合、火災などの災害が発生した場合、など）に用意して、定期的に内容をチェックして更新を行います。

中でも重要なのは、緊急時の連絡体制で、これらについては連携する医師や利用者家族だけでなく、できれば法律の専門家（弁護士など）の意見も仰ぐようにしたいものです。

緊急時対応の手順をまずチャート化しよう

事故・トラブル発生

↓

その場における状況観察

・何が起こったのかという事態把握
・利用者の様子①
（顔色、発語など一時的な状況）
・利用者の様子②
（声かけをしての反応など二次的な状況）

→ **マニュアル化 その1**
どのような時に
どのような
応急処置が
必要かという目安

↓

救命・応急手当等の処置

・心臓マッサージ、人工呼吸
・止血等の応急手当
（※）

→ **マニュアル化 その2**
研修等による
トレーニング
を半年に1回

↓

緊急時の連絡体制

・どこに、どの順で連絡するか？
・状況別に連絡先の優先順位を
・救急車等を呼ぶ際の状況報告の仕方は？

→ **マニュアル化 その3**
連絡方法と
連絡先の一覧を

↓

事後対応、記録・報告へ

※具体的な内容については、消防庁や日赤に問い合わせを

2 些細な事故・トラブルでも報告は必須！現場判断は禁物

▼緊急時以外での〝現場の対応〟も決めておきたい△

利用者がケガをしたなどという緊急時以外でも、その場の対応を事前に決めておくことは重要です。その理由としては、転倒事故などを起こした際、その場では本人の様子に変わった点はなくても後々問題が生じることがあるからです。例えば、硬膜下血腫などの場合は、その場では異常がなくても数週間後に記憶障害などが発生することもあります。

そこで、**①事故があったことを口頭で管理者に報告する、②同時に専用の記録シート（事故報告書など）に状況を記入する、③管理者の判断によっては前項の緊急対応マニュアルに準じたり、家族などへの状況報告に同席をさせる**、といったことを決めておきます。

ここで大切なのは、どんなに小さな事故・トラブルであっても、必ず「報告をする」習慣を徹底することです。よく「現場の判断」という言葉が使われますが、事故・トラブル報告をするか・しないかという点については、絶対に「現場の判断」を差しはさませてはいけません。仮に重大な結果を生んだ際、それが報告されていないと、事故隠しと受け取られるからです。

なお、その場の対応では「本人に謝罪する」という点がよく問題にされます。「安易に謝罪するとこちらの責任を認めたことになる」という人もいますが、その後の利用者側の感情を左右することを考えれば、その場の**きちんとした謝罪もリスク管理の一つ**と言えます。

現場における「連絡等」の優先順位

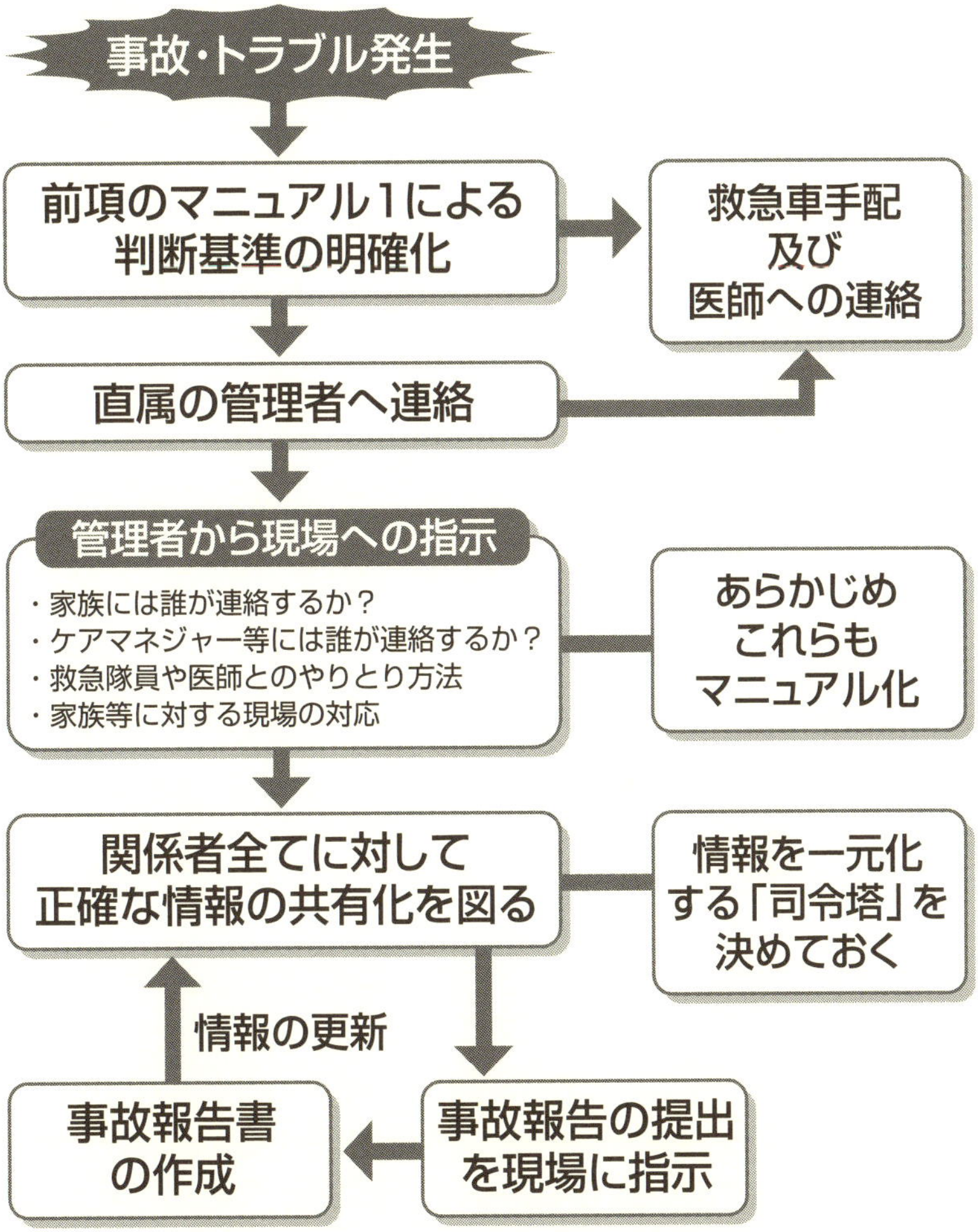
事故・トラブル発生
前項のマニュアル1による判断基準の明確化
救急車手配及び医師への連絡
直属の管理者へ連絡
管理者から現場への指示
・家族には誰が連絡するか？
・ケアマネジャー等には誰が連絡するか？
・救急隊員や医師とのやりとり方法
・家族等に対する現場の対応
あらかじめこれらもマニュアル化
関係者全てに対して正確な情報の共有化を図る
情報を一元化する「司令塔」を決めておく
情報の更新
事故報告書の作成
事故報告の提出を現場に指示

3 その場の対応における「まずい事例」とは?

▼些細なことが大きな事態に発展するケースもある△

よく見かける「まずい対応」の事例を一つ紹介しましょう。

訪問介護において、ホームヘルパーが洗い物をしている最中、うっかり手を滑らせて利用者の茶碗を割ったとします。その場には利用者本人しかおらず、ヘルパーが「すいません」と謝ると本人はすぐに「いいのよ、大した茶碗じゃないから、気にしないで」と言いました。

ヘルパーは利用者の好意をくみ、「あまり大事にするとかえって迷惑がかかるだろう」と、このことを事業所に報告しなかったのです。ヘルパーとしては、「その後いろいろ言われたら、新しいのを買って返せばいい。高いものではなさそうだし」と考えていました。

ところが、ヘルパーが帰った後で、帰宅した家族が茶碗がないことに気づき、本人に確認したところ「ヘルパーが割った」という話を聞きました。家族としては「そのうち事業所から謝罪があるだろう」と思っていましたが、何の連絡もありません。そこで家族の不信感が募り、「せめて謝罪の連絡を入れてもいいでしょう」と事業所に抗議をしたのです。

事業所としてはヘルパーから報告を受けていないので、まさに寝耳に水。さらにまずいことに、時間がたつうちに利用者本人が「ヘルパーが謝罪した記憶がない」と言い始めたので、家族の不信はさらにエスカレートし、契約打ち切りにまで至ることになりました。

え？
？？何のことやら…
事業所長
謝罪？
さあ…なかったねェ…
いいの いいの
ヘルパー
気にするなって言われたから いいや…

4 結果の重大性を意識させることで「報告」の徹底につなげよう！

▼まず教えるべきは「なぜ、事故報告を行わければならないのか」ということ△

前項の事例における問題点としては、（茶碗を割ったという）物損事故について、①事業所への報告を行っていない（現場のヘルパーの判断に任せてしまっている）、②いざとなれば自費で償おうとしている（これはいわば隠蔽工作に当たる）、③利用者への謝罪がやはり現場任せになってしまっている、という3つのポイントがあげられます。

①および③がどのような事態を招くかということは事例の通りですが、②については、仮に「利用者家族から抗議されたので、買って返す」ということをした場合、家族側としては「買って返せばいいと思っているのか」という不信感のエスカレートとともに、「ヘルパー本人に負担させているということは、事業所側が責任逃れをしようとしているのでは」と思わせることにもつながりかねません。いずれにしろ、小さな事故が重大な結果を招くわけです。

まず、こうした事例をいくつか現場のスタッフに紹介し、危機感を持たせることが求められます。「何のために事故報告を行うのか」という意識が働かないまま、ただ「事故報告をし、事故記録を作成せよ」と指示しても、やがて機能しなくなるからです。

多くの事業所でリスクマネジメント委員会を設けていますが、その活動の多くは、こうした事例を集め、いかに現場に徹底するかにあてることが望ましいと言えます。

なぜ「事故報告」が必要なのかをきちんと考えさせよう

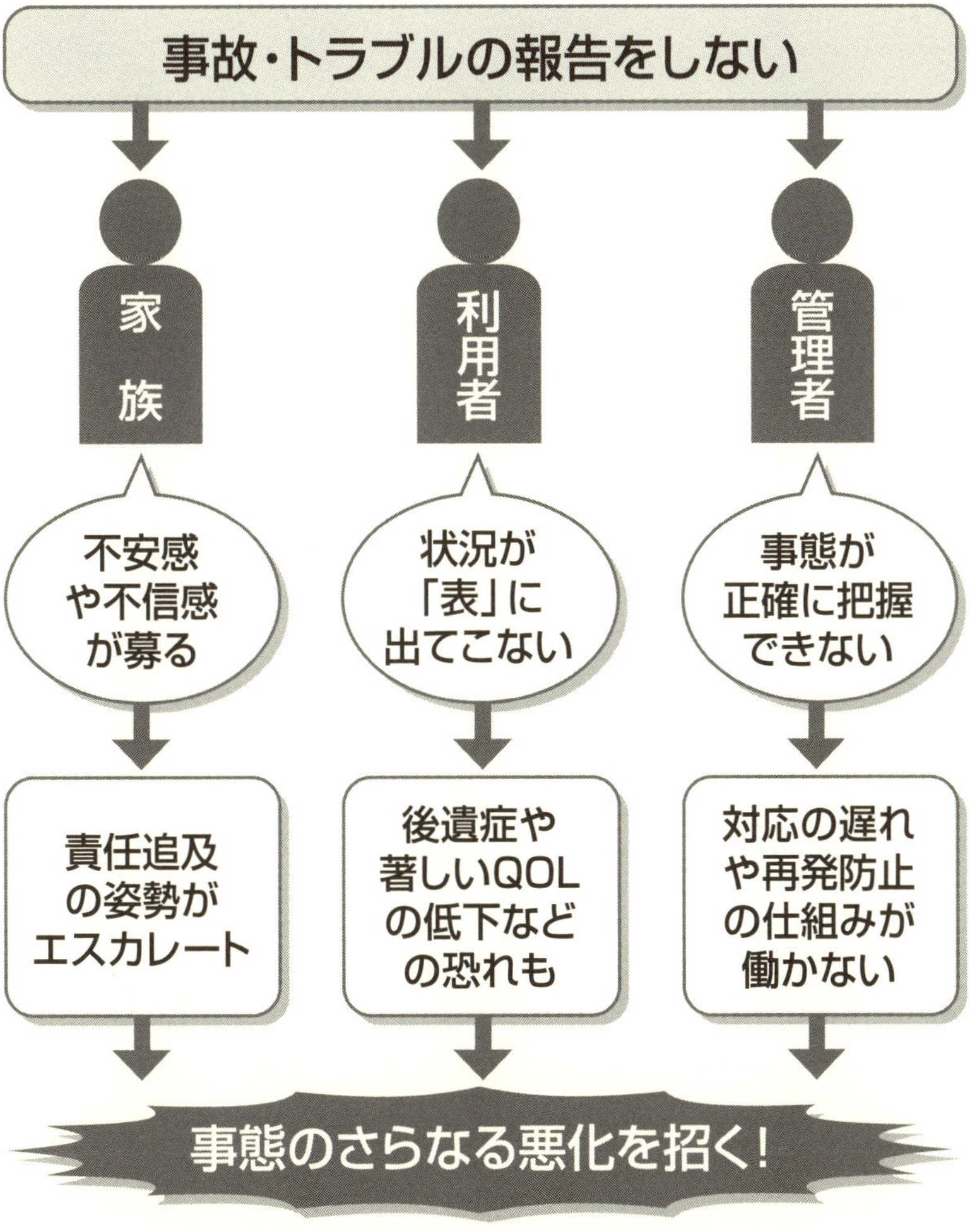
事故・トラブルの報告をしない
家族
利用者
管理者
不安感や不信感が募る
状況が「表」に出てこない
事態が正確に把握できない
責任追及の姿勢がエスカレート
後遺症や著しいQOLの低下などの恐れも
対応の遅れや再発防止の仕組みが働かない
事態のさらなる悪化を招く！

5 事故記録の付け方①
最低限必要な5つの項目をチェック

▼組織のトップが正確に状況を把握するための仕組みをつくる△

現場で発生した事故について、組織のトップが素早くかつ確実に状況を把握することが重要だと述べました。では、そのための具体的な手順・手法について考えてみましょう。

第一に「事故記録の様式を整え、その記し方の研修を徹底する」こと、第二に「事故記録の提出、および口頭による報告を迅速化するシステムを考えること」、第三に「記録された事故をどのように分析し同様の事故防止のために活かすかという流れを整えておく」ことです。

まず「事故記録の様式」ですが、最低限必要な項目としては、**①利用者と担当者の氏名・発生日時などの基本情報、②事故が発生した場所や環境、③事故発生時の具体的な状況、④③に対してどのような対処を行ったか、⑤本人が抱えているリスクの状況**、となります（これら以外に、独自の項目を追加してもかまいませんが、第一報はなるべく素早く伝えることを目的とするため、あまり複雑なものにならないように注意しましょう）。

①から④は、あらゆる現場の記録において基本的な事項なので、今さら解説する必要はないでしょう。ここで特に取り上げたいのは⑤です。これは「事故原因を探る」ことを目的とするのではなく、担当者がどれだけ「リスクを理解しているか」を把握するとともに、改めて記させることで現場のリスク意識を高めて、再発防止につなげることを狙っています。

「事故・トラブル記録」の書式例

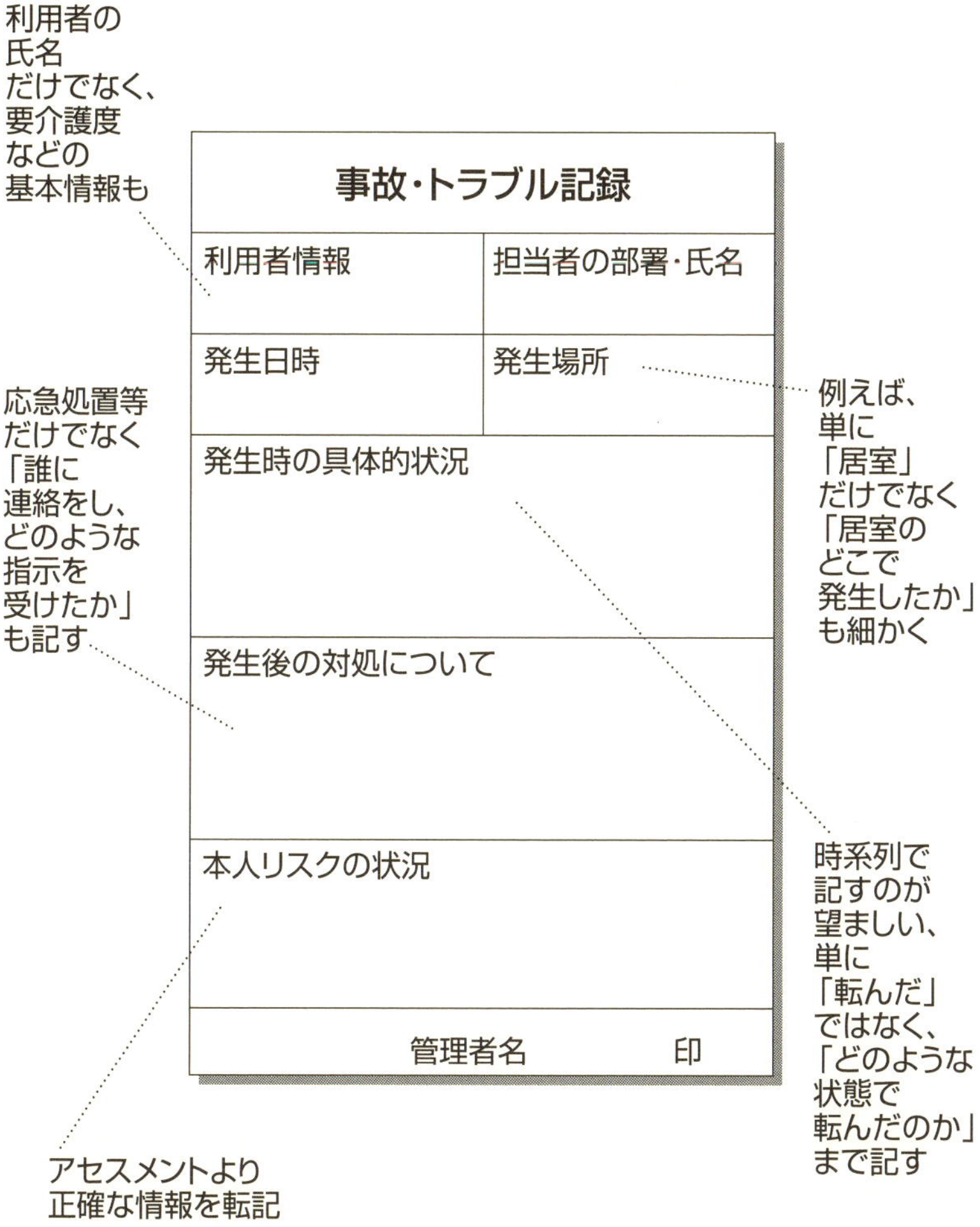
利用者の
氏名
だけでなく、
要介護度
などの
基本情報も
事故・トラブル記録
利用者情報
担当者の部署・氏名
発生日時
発生場所
例えば、
単に
「居室」
だけでなく
「居室の
どこで
発生したか」
も細かく
応急処置等
だけでなく
「誰に
連絡をし、
どのような
指示を
受けたか」
も記す
発生時の具体的状況
発生後の対処について
本人リスクの状況
管理者名
印
時系列で
記すのが
望ましい、
単に
「転んだ」
ではなく、
「どのような
状態で
転んだのか」
まで記す
アセスメントより
正確な情報を転記

6 事故記録の付け方②
記録技術の向上を図る2つのポイント

▼誰が、いつ、どこで、何を、どのように、の基本を徹底させる△

事故記録において重要なのは、書式を整えることよりも、いかに事実関係を正確に記すことができるかという「記す側の技能」の向上にあります。これはすべてのケース記録に共通することですが、特に事故記録の場合は、利用者側の信頼を確保し（隠蔽などの印象を与えないこと、など）確実に再発防止へとつなげることが求められるので、記す技能は極めて大切です。

この「記す技能」の向上を図るうえでは定期的に研修が必要ですが、ポイントとなるのは、**①4W1Hを意識させること、②担当者による憶測をできるだけ取り除くこと**、の2点です。

①の4W1Hとは、誰が（WHO）、いつ（WHEN）、どこで（WHERE）、何を（WHAT）、どのように（HWO）という、他の人に物事を伝える際の基本的な要素を指します。誰が、いつ、などは書式の中の基本事項で分かると思われがちですが、それでは不十分です。例えば、一つの事故状況を記す際にも「時間や場所」が動いている場合があり、また主語がはっきりしていないと、「座って様子を見た」などという表現一つとっても、誰が「座っていた」のか、座っていた人と様子を見た人は違うのか、がまったく分からなくなります。

なお、ここでは「なぜ（WHY）」をあえて外していますが、これは②に述べた「憶測を排除する」ことが必要だからです。その理由については次項で説明しましょう。

あらゆる記録は「4W1H」を意識して作成しよう

1 WHO（誰が）

例.「椅子に座っていたら、突然立ち上がった」

→ 誰が？利用者？スタッフ？

→ この違いで記録の内容は大きく変わってくる

2 WHEN（いつ）

例. 時系列に記すのが基本だが、それだけでは不十分

→「○○○していた時」「○○の後」など出来事の順序を誰が見てもわかるように記す

3 WHERE（どこで）

例.「居間で」「トイレで」

→ 居間のどの位置か？トイレの便器の近くか、それとも手洗い場なのか？

4 WHAT（何を）

例.「ずり落ちた」「ずり落ちていた」

→ どの状況を見たのかを正確に、憶測をはさまない

5 HOW（どのように）

例.「倒れた」→ どのように？ →「ひざから崩れるように」

自分の中で「どのように？」を自問しながら記す

7 事故記録の付け方③
捏造《ねつぞう》を生まないための「憶測排除」の徹底

▼憶測を生まないためには、事故記録の「本人リスクを記入する」項目が重要となる△

ケース記録でもそうですが、現場スタッフが記録の類を作成する際に、問題となるのが無意識のうちに「憶測」をはさんでしまいがちなことです。例えば、表情などを見て「痛そうだ」とか「眠そうだ」という表現を使ってしまうことが多々あります。身近に利用者と接していると、ついその人のことを分かった気になってしまうのでしょうが、この憶測をはさむ習慣がエスカレートすると大変に危険な状況を生んでしまいます。

最初のうち「〜そうだ」「〜らしい」という言葉を使っていれば、現場を実際に見ていない管理者でも「これは憶測なのだな」と思います。ところが、ここに慣れが入ってしまうと、いつしか「痛そうだ」が「痛がっていた」あるいは「痛いと訴えた」という具合に、いかにも事実であるかのような表現を使ってしまいがちです。これは意識的に「事実をねじ曲げよう」としているのではなく、慣れによって自然にそうなってしまいがちなのです。

これが積み重なると、いつしか事故対応に関して管理者の判断に誤りが生じる危険が出てきます。こうした弊害を未然に防ぐうえでも、最初から「憶測」を排除することを徹底することが必要なのです。また、記録において「本人リスクを記入する」項目をあげましたが、これは根拠となる情報をしっかり把握させることで、憶測を生まないようにする役割もあります。

今転んだけどどこも痛くなさそうだなあ
それが…
「どこも痛くない」と言っていました
……と
おいおい

8 事故記録の付け方④
記録の重要性も徹底させよう「ひやりはっと」

▼「とにかくどんなことでも記す」習慣をつけさせる△

一つの事故が発生したとき、そこに至るまでには30以上もの「事故に至らない危ない事例」が潜んでいると言われます。これが一般に「ひやりはっと」事例と言われるものです。

事故とひやりはっと事例を比べたとき、両者の違いは「結果として被害が生じたか否か」だけであり、その意味では同列にとらえるべきだという考え方もあります。つまり、ひやりはっとで済んだからと言って、決して軽く見てはならないというわけです。

最近では、ほとんどの介護現場において、事故記録とともに「ひやりはっと」記録を作成するようになりました。これは大変いいことなのですが、実際に被害が発生していないゆえに、「この程度ならあえて書かなくてもいいだろう」という意識が生まれがちです。これでは、正確なひやりはっとの頻度が把握できず、情報としての価値が半減してしまいます。

ひやりはっとに関する記録は、それを将来的な事故防止に活用するという大切な目的があります。この点をまず現場に徹底したうえで、「**とにかくどんなことでも記す**」習慣を指示してください。もちろん、記録に要する現場の業務量が膨大になってしまう恐れは否定できません。そこで、最初は日常のケース記録の中に簡単に触れさせ、トップが「見過ごせない」と判断した事例について、さらに詳細な記録を提出させるという方法なども考えられます。

小さな「ひやりはっと」を放置するといつしか大事故に！

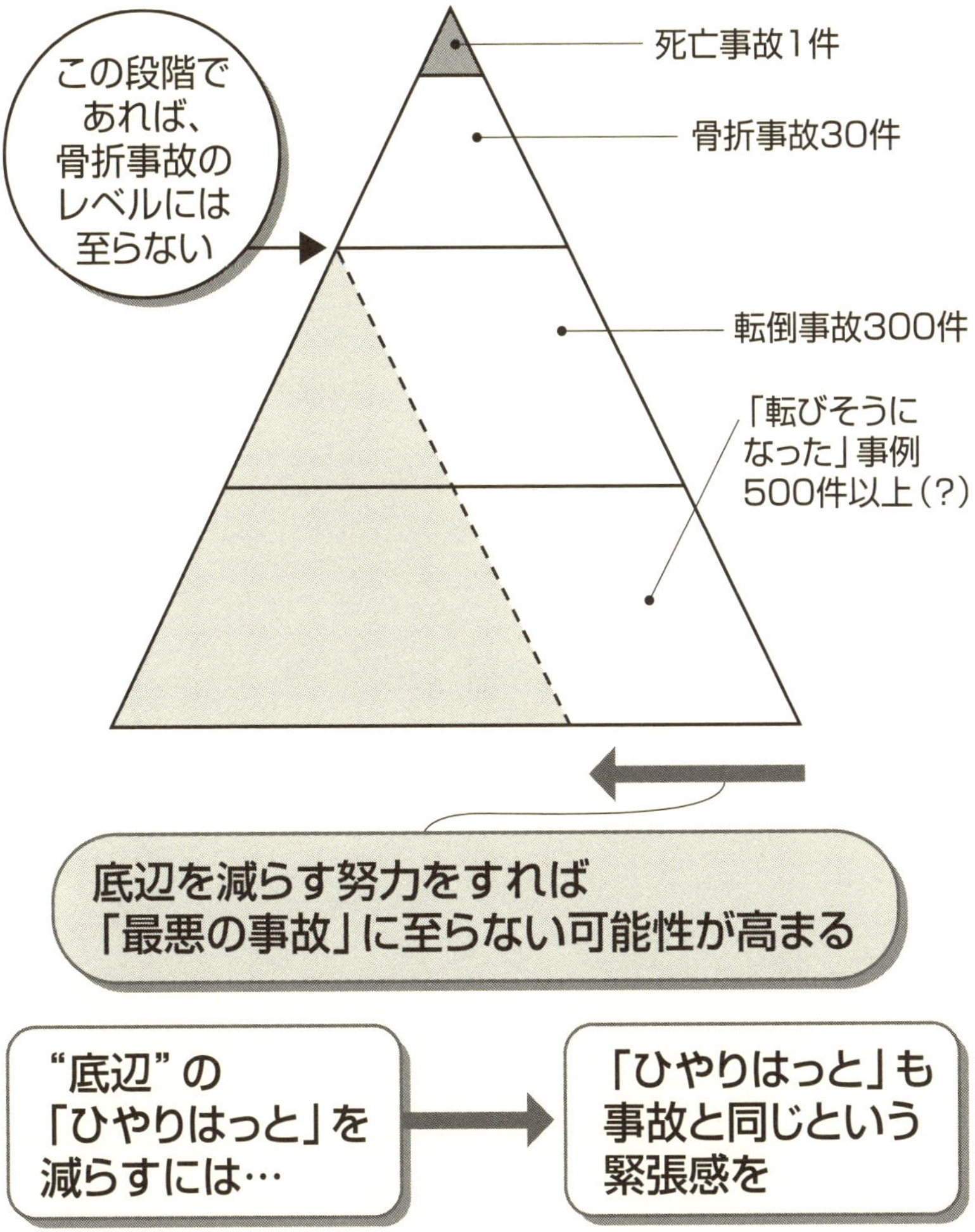
この段階であれば、骨折事故のレベルには至らない
死亡事故1件
骨折事故30件
転倒事故300件
「転びそうになった」事例500件以上（?）
底辺を減らす努力をすれば「最悪の事故」に至らない可能性が高まる
“底辺”の「ひやりはっと」を減らすには…
「ひやりはっと」も事故と同じという緊張感を

9 再発防止のためには事態把握のスピード化を図れ

▼次の事故を防ぐためにも、すぐに、正確に把握する△

現場において事故が発生した場合、その場の緊急対応をまず優先させた後に、まずは口頭で上司や管理者に報告をさせるようにします。そこで簡単な事情聴取を行った後に、書式による**事故記録**の提出を指示しましょう（現場の担当者が動揺したり、混乱したりしている場合は、「記入のポイント」などを簡単に教えておくことも必要です）。

事故記録の提出は、原則としてその日のうちに行わせます。これは、一つの事故が発生した場合、同様のリスクがまだ現場に潜んでいる危険があり、その意味で「次の事故」を防ぐ意味でもスピードが大切になってくるからです。

本人の業務量がかさんでいたり、記録作成に不慣れなために時間がかさんでしまうといった場合は、ベテランのスタッフを一人つけて本人の業務を補佐したり、チームで記録作成にあたるということも必要です。口頭で報告された内容によって、管理者や組織のトップが重大であると判断した場合には、本人の日常業務をすべてシャットアウトして事故記録の作成に専念させたり、臨時のプロジェクトチームを立ち上げることも考えましょう。

同時に迅速化したいのは、**利用者家族などへの情報公開**です。まずその日のうちに事故の状況を説明し、事故記録が完成したところで、それを手に再度説明を行いましょう。

ベテラン
職員
もしくは…
事故記録
記録中の
シフトも
考えなきゃね
事故記録
プロジェクト

10 利用者家族との信頼関係づくりは「日常から」が基本

▼日常的なコミュニケーションで培った信頼関係はいざというとき重要になる△

ここで、利用者家族とのやり取りについて、もう少し深く突っ込んでみましょう。

大切なのは、事故発生後の対応だけを重視しても意味がないということです。日常的なコミュニケーションをまずしっかり図ることで基本的な信頼関係をつくっておき、そのうえで事故発生後の対応を考えていくという2段構えをとることで、初めて効果があると考えましょう。

日常的なコミュニケーションの方法としては、①現場の管理者が家族と顔を合わせる機会があれば（施設であれば面会時など）その都度利用者本人の状況を伝える、②顔を合わせられない場合は「連絡ノート」や「家族への手紙」などを定期的に交換する、③「ひやりはっと」などが発生した場合にその都度連絡した方がよいかどうかを事前に確認し（いきなり伝えると家族に無用な心労をかけることがあるので）電話連絡などの手段を確保する、となります。

いざ事故が発生した際には、①緊急対応を行った後30分以内に、まず事業所・施設の代表が第一報を伝える（緊急対応時にも連絡が必要という事前取り決めがあれば、それに従う）、②第一報の際に「現在の状況」をしっかり伝えたうえで2回目の連絡は訪問して行う旨を伝える、③訪問に際しては代表者、現場管理者のほか、以後連絡窓口となる専門の担当者を同行させる、④連絡窓口となる担当者は一日一回状況報告を行う、という具合に進めます。

日常的なコミュニケーションの蓄積が「いざという時」の保障に！

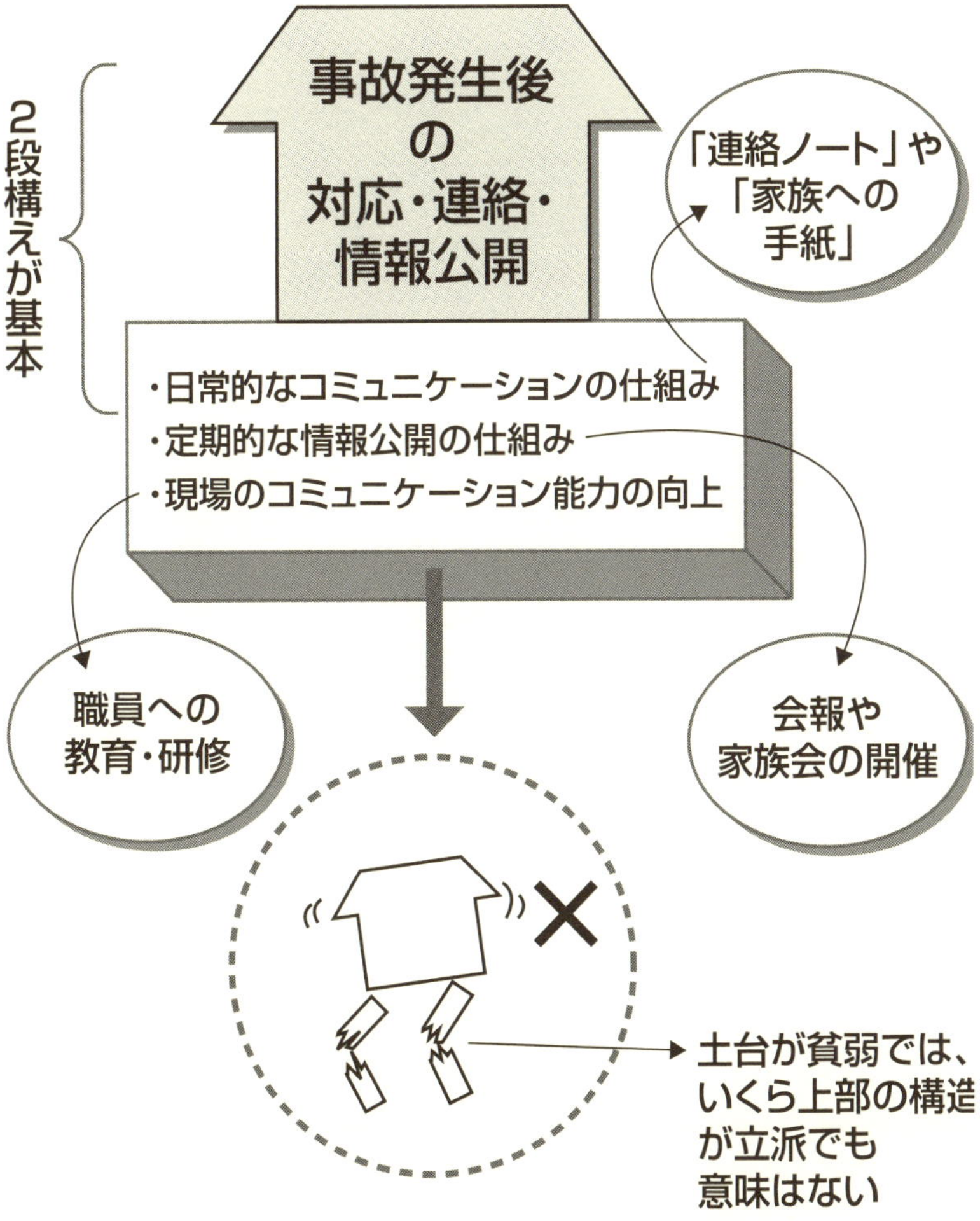
2段構えが基本
事故発生後の対応・連絡・情報公開
・日常的なコミュニケーションの仕組み
・定期的な情報公開の仕組み
・現場のコミュニケーション能力の向上
「連絡ノート」や「家族への手紙」
職員への教育・研修
会報や家族会の開催
土台が貧弱では、いくら上部の構造が立派でも意味はない

11 損害賠償および訴訟において注意したいこととは何か?

▼万が一のケースを想定して「準備」しておくべきことはこれだ!△

どんなに利用者家族との信頼関係を築いていても、状況によっては損害賠償を請求されたり、訴訟に発展するケースもあります。特にこれからは、権利意識の強い世代が利用者家族の代表となってきますので、訴訟ケースなどは増えてくることになるでしょう。

介護事故に関する損害賠償については、介護事業者向けの損害保険(社協が手がける「**介護事業者総合保険**」など)に必ず加入しておきます。これは賠償能力を保つだけでなく、いざ賠償請求などがなされた場合の対応法についてブレーンを確保しておくという意味もあります。

また、いざ訴訟になったときのことを想定し、普段から「**介護問題について詳しい**」弁護士との付き合いを確保しておきましょう。介護にかかわる事故というのは大変特殊なケースが多いため、その業界の知識を備えていないと、証人・証拠選び一つとっても的確な対応がなされないことがあるからです。弁護士を選ぶ場合は、過去の訴訟歴などもよく調べてください。

なお、**事故が発生した後は、訴訟にまで発展するケースを想定して、当事者の事故記録・ケース記録などをもれなく保管しておくことが大切**です。仮に漏れた資料などが後から発見されると、「隠蔽」とみなされて裁判官などの心証を悪くしかねません。刑事事件の場合はなおのこと、資料の収集・保管を徹底しておくことが求められます。

「いざ」という時のために事業所・施設で確保したいブレーン

弁　護　士 →	「介護」にまつわる事件を担当した経験がある者を
保険会社の営業マン →	損害賠償に関わる保険に加入するのはブレーン確保の目的も
医　師 →	本人リスクと事故との因果関係において適切なアドバイスをもらう
町会長や民生委員代表 →	いざという時は、利用者家族との太いパイプ役となる
福祉住環境コーディネーター →	事故防止の観点から、環境リスクについてのアドバイザーとして
地元の福祉専門学校の講師など →	その学校の卒業生をスタッフとして雇っている場合、メンタルケア要員として

12 事故記録をどのように分析し再発防止につなげたらいいのか

▼本人リスク、スタッフ側リスク、環境リスクの3つから分析していく△

最後に、事故記録などをいかに分析し、再発防止につなげていくかを考えてみましょう。

まず重大事故については、それ自体をリスクマネジメント委員会などで独立して取り上げ、その発生状況や原因などを詳しく分析します。分析方法としては、①本人リスク・スタッフ側リスク・環境リスクの3つをあげる、②①のリスクから「なぜその事故が発生したのか」について意見を出し合う、③②の原因を根絶するにはどうすればいいかを話し合う、という手順で行います。この分析の過程を必ず議事録として残すようにしてください。

比較的軽微な事故については、似たような状況の事故記録を集め、特にケースとして多いものから対応していきます。これについては、①それぞれの事故について共通性のあるリスクを取り上げる（整理の仕方については重大事故の場合の①と同様）、②どんなときにリスクが高まるのかという法則について意見を出し合う、③②を参考にしつつ①のリスクをできる限り減らすためにはどうすればいいかを話し合う、という具合になります。

最終的にまとめた再発防止策は、必ずプリントにまとめて現場スタッフに配布し、必要に応じて再発防止をテーマとした研修も同時に行います。また、一連の再発防止に向けた取り組みを整理して別のプリントにまとめ、こちらは家族向けなどに配布するようにします。

リスクマネジメント委員会はどのように運営すべきか？

① メンバー

組織のトップ（施設長や事業所長）、
各専門職リーダー、現場のリーダー格、
できれば、家族代表などの参加も

② 開催時期

・通常は2週間〜1ヶ月に1回（定期会）
・大きな事故があった時は、その都度（臨時会）
・その他、トップが必要と判断した時（特別会）

③ 開催の流れ

- 事故情報の収集
- 現場ミーティング等で上げられた問題
- 苦情受付係から上げられた案件

→ 重要度を執行部で分類
→ 案件に潜む「3つのリスク」を明らかに
→ 「3つのリスク」を分析しつつ、事故の発生要因を話し合う
→ 発生要因を根絶するには、どうすればいいかという方策を打ち出す
→ 現場にいったん戻して意見を求める
→ 制度化

田中　元（たなか・はじめ）

昭和37年群馬県出身。介護福祉ジャーナリスト。

立教大学法学部卒業。出版社勤務後、雑誌・書籍の編集業務を経てフリーに。

主に高齢者の自立・介護等をテーマとした取材、執筆、ラジオ・テレビ出演、講演等の活動を精力的におこなっている。現場を徹底取材した上での具体的問題提起、わかりやすい解説には定評がある。

著書は『小規模デイサービスをはじめよう！』（小社刊）、『スタッフに辞める！ と言わせない介護現場のマネジメント』（自由国民社刊）など多数。

e-mail : care@tanaka.email.ne.jp

介護事故《かいごじこ》・トラブル防止《ぼうし》《完璧《かんぺき》》マニュアル

2011年２月23日　初版発行
2013年９月９日　３刷発行

著　者　田《た》中《なか》　元《はじめ》
発行者　常塚　嘉明
発行所　株式会社　ぱる出版

〒160-0011　東京都新宿区若葉１-９-16
電話 03-3353-2835（代表）　FAX 03-3353-2826（代表）
03-3353-3679（編集直通）
振替 東京 00100-3-131586
印刷・製本　中央精版印刷㈱

ISBN978-4-8272-0616-6　C0034